AF189576

Unsere Radtour als Familie

Melanie und Frank Schange

UNSERE RADTOUR ALS FAMILIE

VON HILDESHEIM NACH KORSIKA

Bibliografische Information der Deutschen Nationalbibliothek:
Die Deutsche Nationalbibliothek verzeichnet diese Publikation in der
Deutschen Nationalbibliografie; detaillierte bibliografische Daten sind im
Internet über http://dnb.dnb.de abrufbar.

© 2019 Melanie und Frank Schange

Texterfassung: Werner Schange
Korrektorat: Anke Krueger und Funda Alibi-Kara

Herstellung und Verlag: BoD – Books on Demand, Norderstedt

ISBN: 978-3-7494-9625-9

Gewidmet unseren Eltern und Kindern

Magdalena, Bruno, Anne, Günter,

Maximilian, Mathis und Michel

Inhaltsverzeichnis

Vorwort

Meine Frau und ich hatten schon seit Langem die Idee, eine Auszeit zusammen mit unseren Kindern zu nehmen. Wir wollten zumindest eine Zeit lang unser Leben frei selbst gestalten. Neues und Unbekanntes ausprobieren und erleben, ohne vorgegebene Strukturen und Alltagszwänge. Vielleicht ein Jahr in Afrika verbringen und dort an Projekten mitwirken oder mit dem Segelboot in die Ferne reisen. Am Ende der Sommerferien hatte meine Frau dann einen spontanen Einfall: „Wir unternehmen zusammen eine mehrmonatige Fahrradtour." Die Vorteile liegen auf der Hand. Wir können direkt von zu Hause losfahren und vor allem die Kinder können ihrem natürlichen Bewegungsdrang nachgehen, sind aktiv eingebunden. Wir sind immer draußen und können die Natur, die Umgebung und die Kultur hautnah, kontinuierlich und in einem angemessenen Tempo wahrnehmen. Dadurch kann Interesse für die Welt entstehen und die Kinder können viele Erfahrungen in der realen Welt machen, darum geht es uns bei der geplanten Tour. Natürlich wird es auch anstrengend für alle Familienmitglieder werden. Grenzsituationen zu erleben, an denen wir und unsere Kinder wachsen können, das haben wir uns vorgestellt. Stellt sich nur noch die Frage nach dem Ziel unserer Radtour? Auch hier braucht es keiner langen Überlegung. Unsere Kinder lieben die Insel Korsika. Als wir ihnen von unserer Idee berichten, sind sofort alle begeistert. Einige Monate später verlassen wir dann morgens unser Haus. Die Fahrräder sind voll bepackt, jetzt geht es los.

Es liegt noch Schnee und die Nachttemperaturen liegen unter der Nullgradgrenze. Ich persönlich hatte mir das ursprünglich anders vorgestellt. Milde Temperaturen und ein erwachendes Frühjahr waren eher meine Wunschvorstellungen. Ein eigenartiges Gefühl, wir fahren jetzt los und sind erst wieder in einigen Monaten zurück.

Wir, das sind die Eltern Melanie und Frank mit ihren Kindern Maxi (12 Jahre), Mathis (10 Jahre) und Michel (7 Jahre).

Campingplatz Neu Brisach in Frankreich

Planung

Was braucht man für eine Fahrradtour für mehrere Monate?
Wie viele Kilometer schaffen wir mit Gepäck?
Wo sind Zeltplätze zum Übernachten?
Was machen wir, wenn es längere Zeit regnet?
Wie kochen wir? Was wird an Kocher und Geschirr benötigt? Was ist praktikabel und leicht? Welcher Brennstoff ist auch im Ausland unkompliziert zu erstehen?
Bevor es losgeht, gibt es viel zu planen und zu organisieren.

Fahrräder: Jeder nimmt sein eigenes Rad, vorher sollten alle Räder noch einmal in Inspektion gegeben werden. Darum kümmert sich Frank.

Zelt: Wir haben ein 4-Personen Zelt, 2m x 2,6m, das ist nicht zu schwer und wenn wir Isomatten finden, die schmal genug sind, dann passen wir dort auch zu fünft hinein. Das Zelt ist 14 Jahre alt, es muss noch imprägniert werden.

Isomatten: Müssen leicht sein, dürfen nicht zu breit sein, müssen trotzdem warm halten, da es im März, April noch kalt sein kann – ebenso die Schlafsäcke.

Satteltaschen: Wie transportieren wir persönliches Hab und Gut sowie Zelt, Isomatten und Schlafsäcke trocken? Jedes Kind bekommt eigene Satteltaschen sowie wasserdichte (Ruck-) Säcke.

Kleidung: Jedes Kind braucht eine regendichte, warme Jacke sowie Hose. Zusätzlich Wollunterwäsche. Alles muss so gekauft werden, dass es in einem ¾ Jahr noch passt.

Zu Weihnachten gab es „nur" funktionstaugliche Dinge für die Tour.

Kochen: Wir entscheiden uns für zwei Kocher mit Brennspiritus. Eine Thermoskanne ist auch immer mit dabei.

Reiseroute planen

Viele Stunden sitze ich, um Kilometer zu eruieren, geöffnete Campingplätze aufzuspüren und beides in Einklang zu bringen.

Gottseidank muss man die Kilometer nicht mehr per Hand ausrädeln, sondern kann sie via Google einfach bestimmen. Mit Ausnahme von Italien, hier kennt auch Google keine Radwege! Letztendlich ist die Route von Hildesheim bis Como detailliert geplant.

Danach in Italien zwischen Como und Genua ist die Anzahl der Campingplätze begrenzt, jedenfalls mit den von uns zu bewältigenden Tageskilometeretappen kaum zu schaffen (Como-Milano 50km, Milano-Pavia 50 km und Pavia-Genua 140 km).

Rückreise

Wie lange brauchen wir? Kommt etwas dazwischen? Wir planen zunächst mit dem Mietauto zurückzureisen oder einen Flixbus oder ein Flugzeug zu nehmen. Aber alles stellt sich als nicht praktikabel heraus. Letztendlich planen wir die Rückreise mit dem Zug, was aber mit so vielen Rädern in einem Stück nicht zu buchen ist. So bleibt die Rückreise offen, was sich im Nachhinein als Glücksfall herausstellte. Denn so waren wir flexibel.

Abreise

Spontan verändern wir die Route schon zu Beginn, da uns noch die Grippe in den Knochen steckt. Wir bevorzugen am ersten Tag nur 30 km, statt wie geplant 50 km, zu radeln. So kommt es, dass wir dann in Folge nur drei der geplanten 16 Campingplätze anfahren. Soviel Flexibilität muss sein.:)

Vor dem Beginn

Mittwoch 21. März

Heute sagt Mathis: „Ich glaube, die Engel wollen nicht, dass wir losfahren." Wir sind ja schon einige Tage im Verzug wegen verschiedenster Dinge: Krankheit - Schnee - Kälte. Wir denken uns: Fahren wir doch einfach los - ich hatte jedoch noch ein Vorstellungsgespräch. Also fahren wir nicht wirklich los, aber machen mit komplettem Gepäck eine Probetour. Michel möchte gern ein Ausmalbuch haben, in dem er morgens im Schlafsack malen kann.

Mein Gepäckträger wackelt unter dem Gepäck, also muss ich immer vorsichtig fahren. Auf dem Rückweg berghoch Krehlastraße ist Mathis' komplettes Schaltwerk kaputt gegangen – Frage: Was jetzt? Erst einmal Mittag essen. Also sind wir froh, dass wir zu Hause sind im Warmen und in Ruhe überlegen können. Mathis ist traurig. Die Idee, dass wir alle die Räder tauschen: Ich nehme Franks, Frank sein eigenes Mountainbike, Mathis nimmt Maxis und Maxi probiert meins aus, führt bei Maxi zum Wutausbruch. „Dann fahre ich gar nicht mit, das könnt ihr vergessen!" Tränen laufen über sein Gesicht, er steht auf, rennt in sein Zimmer und knallt die Tür hinter sich zu! Obwohl es nur eine IDEE war, und die Kinder die Fahrräder auch erst einmal nur AUSPROBIEREN sollten, so eine Reaktion - die Pubertät lässt grüßen. Frank sagt: „Wenn mein Vater mich früher das Gleiche gefragt hätte, hätte ich gedacht, na, irgendwie müsse es ja weiter- und morgen losgehen, ja klar nehme ich ein anderes Rad". Für Maxi unvorstellbar! Ich klopfe bei ihm und frage, ob ich ihn etwas fragen dürfe. Er antwortet: „Nein". Ich bitte ihn, wenn er wieder mit uns reden wolle, wieder aus seinem Zimmer zu kommen. Nach einiger Zeit kommt er wieder heraus, - ganz normal. Mathis probiert mein Rad - es geht super. Trotzdem will er gern sein Rad repariert haben, deshalb fahren wir zum Fahrradladen. 37! Fahrräder sollten repariert werden. Es sind Ferien, die Sonne scheint - da fahren alle zum Rädercheck! Bis Freitag! versucht ein Mitarbeiter das Rad für 170 € zu reparieren. Wieder hin und her überlegen:

Wer kann es schneller reparieren?

Ein Kollege von Frank in Hannover? Extra nach Hannover fahren?

Kann uns jemand das Fahrrad nachbringen? Wen kann man fragen?

Nimmt Mathis mein Rad?

Lohnt eine Reparatur überhaupt?

Extra noch bis Freitag warten? Obwohl Mathis doch schon letztes Wochenende fahren wollte.

Hin und her überlegen. Alle befragen und das Beste abwägen. Mathis will gern mit seinem Rad fahren, hat es jedoch nicht so aggressiv deutlich geäußert wie Maxi. Mathis ist also sehr glücklich, dass sein Rad repariert wird. Wir kommen dann zwar nochmal 1-2 Tage später los, aber das ist letztendlich für alle okay. Mathis ist so glücklich, dass er sofort Trompete spielt zu Hause - und auch Maxi freut sich wieder auf die Tour (die ja eigentlich - jedenfalls Probleme damit - schon begonnen hat), wenngleich sie erst knapp eine Woche später wirklich beginnt.

Donnerstag 22. März

Michel war gestern bei der Probetour auch zwischenzeitlich ganz traurig und sagte, er wolle nicht mit auf Tour fahren. Auch heute ist er wieder morgens bei seinem Freund, und als er zurückkommt, ist er wieder traurig. Die Mutter habe ihn nochmal umarmt, weil wir ja jetzt solange weg seien. Es ist nicht leicht, ein Kind so traurig zu sehen, weil es nicht mit zur Tour möchte. Mathis freut sich nur, wenn er mit seinem Rad fahren kann, was noch in den Sternen steht, weil der Schrauber der Werkstatt heute erst so spät kommt. Maxi und Mathis gehen zweimal zu der Fahrradwerkstatt, um zu fragen, ob er es schafft bis morgen früh. Mathis Freunde kommen nochmal, um sich zu verabschieden. Maxi ist guter Dinge. Frank hat mit Christian abgemacht, wenn das Rad morgen nicht fertig ist, würde er es abholen und uns am Dienstag nachbringen. Also kann es morgen losgehen. Backofen sauber, Kühlschrank, Boden, Küchenschränke - jetzt können wir beruhigt losfahren. Um 21:30 Uhr! ruft der Schrauber an, er habe das Rad fertig....

Abschied von der Oma in Emmerke

Hildesheim bis Marburg

Freitag 23. März Hildesheim - Salzhemmendorf

Wallensen, Humboldtsee 1

Temperatur:	+2 °C nachts
Wetter:	bewölkt
Fahrdaten:	34 km, 10:30 – 16:00 Uhr, 5,5 Stunden

$\varnothing$ 6,8 km/h, 10,3 km/h, Fahrzeit: 3:18 Stunden, max. 25,6 km/h

Aufstieg 209 Hm   Abstieg 132 Hm

Kosten: 20 € inkl. 10 Brötchen

Heute geht es los! Um 10:00 Uhr holen wir das Rad aus der Fahrradwerkstatt. Um 10:30 Uhr fahren wir los, wir nehmen Abschied von Christian, der auf den letzten Drücker Franks Rad noch fit machte, von den Nachbarn und meiner Mutter, die ein Stück mitgefahren ist. Eigentlich hat alles gut geklappt, alle sind gut gelaunt. Bald aber weint Michel, und er will nach Hause. Er hat es wirklich schwer! In Elze hat er sich noch von seinem Freund Lars verabschieden können! Danach geht es besser weiter. Der Weg führt uns bergauf und durch den Wald zum Humboldtsee. Es klappt alles wirklich gut! Es regnet nicht. Um 16:00 Uhr kommen wir am Campingplatz an. Dann kochen Maxi und Mathis Nudeln. Wir anderen drei stellen das Zelt auf. Es wird trotzdem in einer rasenden Geschwindigkeit 20:00 Uhr! Es wird kühl und feucht von unten. Tags zuvor lag auf der Wiese noch Schnee, an den Waldrändern liegt er sogar noch. Trotzdem wir uns das genauso vorgestellt haben, ist Theorie ganz anders als Praxis. Man merkt die Anstrengung, und dass die Zeit rast! Die Kinder machen super mit, spielen Ball, den sie unterwegs gefunden haben, spülen ab etc., echt super. Trotzdem ist es ein sehr komisches Gefühl!

Samstag 24. März Salzhemmendorf - Holzminden

Stahler Ufer

Temperatur:	-2 °C nachts
Fahrdaten:	32 km, 10:00 – 15:20 Uhr, 5,3 Stunden,
	Fahrzeit: 3 Stunden
	Aufstieg 386 Hm Abstieg 464 Hm
Kosten:	15 € inkl. 5 Brötchen

Es ist trocken morgens, die Sonne kommt ab und an hervor. Mathis steht als Erster um 7:00 Uhr auf, macht Tee, dann packt er seine Sachen und mit Frank alle Isomatten zusammen - ganz fleißig. Die Schlafsäcke trocknen wir an der Heizung im Waschhaus (Kondenswasser...). Nach dem Frühstück (Müsli, Brot und Käse) packen wir das Zelt zusammen. Dann geht es weiter mit dem Rad. Sehr schweißtreibend ist der Ith und die beiden folgenden Berge.

Sonntag 25. März Holzminden - Oberweser

Oedelsheim, Am Hallenbad 3

Temperatur:	+3 °C nachts
Wetter:	sonnig, gefühlte Temperatur: genau richtig
Fahrdaten:	52 km, 11:00 – 17:00 Uhr (Zeitumstellung)
	6 Stunden, ∅ 8,8 km/h Fahrzeit: 4 Stunden, 13 km/h
	Aufstieg 81 Hm Abstieg 72 Hm
Kosten:	33 € ohne Brötchen

Heute fahren wir immer an der Weser entlang bei Sonnenschein. Morgens, als wir aufwachen, ist alles voll Raureif und weiß gefroren. Die Schlafsäcke, Isomatten und das Zelt sind nass, wir können aber alles gut trocknen und essen in der Sonne Frühstück. Es ist herrlich immer draußen! Auch wenn es kalt ist, jedenfalls wenn es nicht regnet.

Wir sind viel gefahren, haben nur kurz pausiert - die Kinder wollen unbedingt weiterkommen. Bad Karlshafen mit 30 km reicht ihnen nicht, sie wollen noch 20 km weiter bis Oberweser fahren. So unbedingt, dass sie sogar Michels Satteltaschen noch hinten drauf schnallen.

Zuerst fahren wir an der Weser - viele Leute wünschen uns Glück und eine gute Fahrt etc.. Wir passieren Schloss/Kloster Corvey (Weltkulturerbe) und müssen einige Umleitungen in Kauf nehmen (sogar auf dem Radweg). Am Ende haben wir Glück: Da fährt uns eine Weserfähre mit Wasserkraft über die Weser – für 3 € und wir sparen viele Kilometer, Höhenmeter und Straßenlärm. Die Sonne scheint, wir haben alle einen Sonnenbrand bekommen. Alle sind wirklich tapfer und sportlich! Die Kinder haben noch viel Kraft zum Fußballspielen und „Steine in die Weser flippen", trotz abspülen, Isomatten aufpumpen und Zelt aufbauen.

Montag 26. März Oedelsheim - Fuldatal

Freizeitzentrum 1 über Hannoversch Münden

Temperatur: +3 °C nachts

Wetter: bewölkt

Fahrdaten: 40 km, 11:00 – 17:00 Uhr, 6 Stunden, ∅ 6 km/h

Fahrzeit: 3:40 Stunden, 11 km/h

Aufstieg 228 Hm   Abstieg 234 Hm

Kosten: 23 € inkl. 10 Brötchen

Sonstiges: 1 Paket zurück XXL > 5 kg

Highlight des Tages: Werra plus Fulda gleich Weser

Morgens beklagt sich Maxi über zu wenig Platz und Freizeit; Mathis weint, weil Füße und Knie schmerzen (vom Fußballspielen, nicht vom Radfahren, sagt er).

Deshalb denken wir, wir fahren heute wenig und können dafür Hannoversch Münden erkunden. Von der Stadt sagte Alexander von Humboldt, dass es die achtschönste Stadt der Welt sei. Wir radeln 25 km an der Weser entlang, etwas hoch und runter, durch den Wald, an der Wiese entlang und essen kurz etwas. Dabei beobachten wir wieder eine Fähre, dann einen ADAC-Wagen, der ein Auto abschleppt und noch ein Straßenkehrfahrzeug, bis wir um 14:00 Uhr in Hannoversch Münden einfahren. Leider öffnet der Campingplatz dort erst in 3 Tagen, sodass wir diese Stadt nicht besichtigen können. Wir bekommen nur einen 2 Stunden-Eindruck von der Stadt, wo Fulda und Werra zur Weser werden.

An einer Kirche machen wir Mittagspause, nachdem wir eingekauft haben. Ich habe überhaupt keine Lust mehr so viel zu schleppen auf dem wackeligen Gepäckträger, sodass ich Einiges zusammenpacke. Gegenüber beim Bäcker finden wir in einem Altpapierhaufen einen großen Karton, in dem wir 2 Wollpullis, 2 Wolljacken, 2 Hosen, 3 Handtücher und 1 Paar Schuhe packen. Direkt daneben um die Ecke finden wir einen Tabakladen mit einer DHL-Station, der das Paket wohl verschicken will, wenn es zugeklebt ist. Um die Ecke ist ein Schreibwarenladen, in dem wir Tesafilm kaufen können. Für 10 € sind wir dann 5 kg leichter (das hatten wir vorher an Essen gekauft ...). Von da an reisen wir noch 10 km an der Fulda entlang, bis wir an einem ganz verlassenen und einsamen Campingplatz ankommen. So haben wir Duschhaus und WC wieder für uns. Abends wasche ich etwas Unterwäsche und wir nehmen alle eine heiße Dusche, das ist herrlich! Die Kinder rennen noch Berge hoch und runter und fahren wieder Rad auf dem Platz...

Dienstag 27. März   Fuldatal - Weimar/Dörnberg

Campingplatz Blohme

Temperatur: -1 °C

Wetter: morgens Schneeregen

Fahrdaten: 17 km, 11:30 – 15:00 Uhr 3,5 Std., ∅ 4,8 km/h

Fahrzeit: 1:40 Stunden, 10,2 km/h

Aufstieg 134 Hm   Abstieg 131 Hm

Kosten: 10 €

Heute Morgen ist es wieder kalt. Wir frühstücken erst. Das stellt sich als Fehler heraus, denn es fängt an zu schneien und das Zelt wird plitscheplatsche nass. Frank muss bestimmt 1 kg Wasser mitschleppen, weil das Zelt nur notdürftig getrocknet ist. Zunächst geht es steil bergauf. Wir alle sind bekleidet mit Regenjacken,-hosen und -gamaschen. Michel hat jetzt schon keine Lust mehr, kaum, dass wir ein paar Hundert Meter gefahren sind. Also machen wir mitten am Berg eine Pause, ziehen die Regenkleidung wieder aus und essen, da Michel und Frank schon wieder Hunger haben. Danach strampeln wir weiter. Wir fragen uns: Sind wir richtig? Welches Navi nehmen wir? Google Maps hört ab und filmt, das ist uns sehr unangenehm. Der Weg führt uns über Feldwege auf und ab.

Schon mittags können wir nicht mehr, fahren aber an Rewe, Edeka und Aldi vorbei, damit wir Zeit sparen, obwohl wir eigentlich Hunger haben. Bald geht gar nichts mehr. Frank hat einen Hungerast und wir müssen anhalten. 17 km weiter zum eigentlichen Zielort schaffen wir es heute nicht mehr. Also: Planungsänderung! Da ist eine Bank an einem Getränkemarkt, der in 10 Minuten öffnet und eine Abzweigung zu einem Campingplatz nur noch den Berg hinauf.

Auf dem Zeltplatz sind nur Dauercamper, die zeigen uns die Zeltwiese. Frank bezahlt bei einem der Männer und alles ist gut. Maxi kocht

Nudeln, nachdem er mit Mathis nochmal 1 km bergab und 1 km bergauf gefahren ist, um welche zu kaufen.

Ein Camper kommt zu uns und will wissen, was wir vorhaben. Er findet das toll und sagt: „Da könnt ihr aber stolz auf eure Eltern sein. Es gibt nicht viele Eltern, die so etwas mit den Kindern machen." Er lädt uns ein zum Fußballspiel Deutschland - Brasilien um 20:45 Uhr, aber da schlafen wir ja immer schon.

Da das Zelt nass war, hatte ich es zwar gut getrocknet und Sonne und Wind taten ihr Übriges, trotzdem tropfte es sofort beim ersten Nieselregen durch. Daraufhin geht Frank über den Platz, findet eine Plane und die rettet uns und beschert uns eine trockene Nacht. Frank sagt: „Die haben uns die Engel vor die Tür gelegt." Wie auch den Campingplatz, denn bis zum nächsten hätten wir es nicht geschafft.

Wegen des Regens habe ich schlecht geschlafen. Die Kinder aber sind total entspannt und haben tiefstes Vertrauen in ihre Eltern.

Mittwoch 28. März Dörnberg - Bad Emstal-Balhorn

Ferienanlage Erzeberg, Birkenstr. 21

Wetter: bewölkt, Regen

Fahrdaten: 20 km, 10:00 – 13:30 Uhr, 3,5 Stunden, $\varnothing$ 5,4 km/h

Fahrzeit: 2:00 Stunden, $\varnothing$ 10 km/h

Aufstieg ↑ 145 Hm   Abstieg ↓ 111 Hm

Kosten: 137 € inkl. Brötchen

Überraschung des Tages:

Schwedenhäuschen, warm und trocken mit Dusche + Schwimmbad + Waschmaschine + Betten.

Dank sei den Engeln und der Plane... wir sind jedenfalls morgens nicht pitschepatsche nass wie befürchtet – nur am Fußende. Frank und Maxi machen heute das morgendliche Ritual und föhnen die Schlafsäcke und Isomatten trocken. Michel ist nicht so wirklich motiviert, denn ab 9:00 Uhr ist Regen gemeldet. Überstürzt brechen wir das Frühstück ab und bringen das Zelt in Sicherheit/Trockenheit. Bisher konnten wir immer trocken auf unseren Hockern draußen essen und gestern bei Schneefall gab es eine überdachte Sitzgelegenheit. Auf jeden Fall ist immer etwas zu tun, es wird nie langweilig und die Zeit verfliegt wie im Fluge.

Als wir losfahren und es wieder bergauf geht, hat Michel schon wieder keine Lust mehr, der Arme. Aber schon beim Bergabfahren singt er aus voller Kehle Lieder, die er in der Schule gelernt hat. Mittlerweile kann er auch schon besser mit seiner Gangschaltung umgehen.

Maxi macht sich Gedanken, wie er am besten seine Jahresarbeit vorstellen kann.

Mathis hat Fragen übers Leben nach dem Tod – es ist eine tolle Zeit. Bergauf ist es anstrengend und schweißtreibend, bergab dann wieder sehr kalt.

Mit der Navigation haben wir es jetzt auch raus:

1: Fahrrad-Navi   2: offline-maps   3: Falk-Kartenmaterial

So klappt es. Verfahren haben wir uns noch nicht wirklich. Da wieder Sturm und Regen gemeldet ist, sind wir froh, dass in der Ferienanlage noch ein Häuschen frei ist. Die Kinder sind total happy über so viel Luxus! Alles ist sauber, trocken und warm. Das Häuschen ist sogar mit TV - der natürlich gleich ausprobiert werden muss. Als Erstes duschen alle, dann wird Wäsche gewaschen und eingekauft. Mathis macht Pfannkuchen, die echt super schmecken. Wie toll und selbständig die Kinder auch helfen. Ich habe 2 Waschmaschinen voller Wäsche gewaschen und die Baumwollwäsche im Trockner und die Wollsachen auf den Heizungen getrocknet. So wird alles frisch und sauber wieder mitgenommen.

Donnerstag 29. März Balhorn - 34513 Waldeck

DJH Klippenberg 3

Temperatur:	-1 °C, frostig
Meine Stimmung:	sonnig
Hier ist es:	sonnig, stürmisch, regnerisch, Schnee, Westwind...
Fahrdaten:	25 km, 10:00 – 15:00 Uhr, 5,0 Stunden, ∅ 4,0 km/h Fahrzeit: 1:15 Std., ∅ 9,3 km/h Aufstieg ↑ 263 Hm Abstieg ↓ 343 Hm
Kosten:	70 € inkl. Frühstücksbuffet + 20 € DJH-Ausweis

1 Paket zurück, S II, 2,5 kg

Also die Matratzen im Schwedenhäuschen sind nicht halb so bequem wie unsere Isomatten. Morgens tuen mir beide Schulter weh, auch Frank merkt es im Rücken. Mathis macht Müsli, Frank Rührei, es wird ein Schlemmerfrühstück. Man merkt, wenn man eine Küche hat, benutzt man auch alles und es geht viel Zeit zum Aufräumen o. ä. drauf..., obwohl es auch sehr schön ist, sich einmal ausbreiten zu können. Um 10:00 Uhr geht's los. Die ersten 5 km fahren wir flott in 30 Minuten, danach geht es weiter über Matsch, Wald und Feldwege. Alle Wege sind nass und weich. Wir sinken ein und es ist so anstrengend, dass Michel schon keine Lust mehr und auch wieder Hunger hat.

Michel sagt immer: „Ich kann nicht mehr." und „Ich hab Hunger."
Mathis sagt immer: „Können wir jetzt endlich weiter?"
Maxi sagt immer: „Wir haben noch Zeit."
Frank sagt immer: „Möchte noch jemand etwas essen?"

Wer die Navigation hat, ist immer der Doofe, weil er Ärger bekommt, wenn die Wege schlecht sind oder es bergauf geht. Frank hat's gut, denn er versorgt alle mit Essen, dafür muss er leider auch am meisten schleppen.

Wir müssen ständig neu planen, weil doch sehr viele Höhenmeter zu bewältigen sind und wir sonst überhaupt keine freie Zeit hätten. Man merkt, dass „Zeit haben" für die Kinder sehr wichtig ist. An der DJH angekommen, müssen die Kinder erst mal schaukeln, Volleyball spielen, rennen und klettern. Michel hat sich so verausgabt, dass er Kopfschmerzen bekommt. Maxi hat seit heute Morgen Halsweh. Er ist übellaunig aufgewacht, hat herumgeschrien und Türen geschmissen. Er ist der Meinung, er würde immer angemeckert werden. Dabei wollten wir losfahren, alle packten etc., und er lag auf der Küchenbank und las ein Buch. Nach kurzer Zeit berappelte er sich wieder und als wir bei einer Post auch noch 2 kg von seinem Gepäck zurückschickten (was er netterweise von Frank getragen hatte) und ein neues Lucky Luke kauften, ging es ihm schon viel besser!

Alle haben bereits Sonnenbrand, ich schon juckende Sonnenallergiepickel auf Nase und Händen, obwohl viel Bewölkung ist. Aber wenn man immer draußen ist, zählt wohl die UV-Strahlung…

(Danke Funda für Dein Care-Paket!).

Karfreitag 30. März DJH Waldeck - Vöhl/Herzhausen – Marburg (Zug), Trojedamm 47 ≈70 km

Wetter: sonnig, bewölkt, Schnee

Fahrdaten: 11:00 – 11:30 Uhr Fähre von DJH Waldeck

nach Bringhausen

≈ 20 km 12:00 – 14:00 Uhr

14:14 Uhr Zug bis Marburg

Wort das zu diesem Moment passt: Perfekt!

Zwischen 5:30 – 6:00 Uhr nachts wachen wir auf, weil am Fahrrad jemand an der Plane herumzerrt – Waschbären sind unterwegs. Frank beseitigt den Schaden. Franks Vorratstasche ist aufgerissen und die Tüte darin zerfetzt, die Schokoriegeltüte ist komplett weg, der Käse ist weg, das Brot ist weg, Bananen und Äpfel sind angeknabbert! Überall sind Nudeln verteilt, alles ist dreckig und zerkratzt, aber die Satteltasche ist nahezu heile!

Ich bringe die Räder in den Fahrradkeller. Da es so kalt ist, werde ich in meinem Schlafsack nicht mehr warm bis zum Aufstehen morgens. Um 8:00 Uhr gibt es (da JH) ein herrliches Frühstücksbuffet; gottseidank, denn ohne das hätten wir hungrig losfahren müssen.

Morgens ist die Wiese wieder gefroren, auch von Innen ist das Zelt ganz weiß gefroren. Der Nebel steigt langsam vom See empor – ein herrlicher Anblick!

Eigentlich hätten wir nach unserer Planung 30 km und 400 Höhenmeter fahren müssen. Aber zum Glück fährt eine Fähre über den Edersee und auf der anderen Seite ist es flacher. Das ist eine sehr gute Entscheidung! Drüben angekommen ist allerdings der Radweg gesperrt. Wir überlegen hin und her, ob wir da fahren sollen oder nicht, denn andere Radfahrer drehen um. Wir fahren dennoch durch die Absperrung hindurch. Mountainbiker kommen uns entgegen und sagen uns, dass man durchfahren könne, die Waldarbeiten seien abgeschlossen und die Wege wieder frei. Eine gute Entscheidung Durchfahrtverbotsschilder nicht allzu ernst zu nehmn ! Die ganze Zeit fahren wir am Edersee entlang bei Sonne und zum ersten Mal ohne Wolljacke. Wir entscheiden, mit dem Zug von Herzhausen bis Marburg zu fahren, weil es keinen Campingplatz dazwischen (70 km) gibt und am Ostersonntag Sonntagshandlung (Kindergottesdienst) in Marburg ist. In Marburg an der Lahn angekommen, suchen wir 30 Minuten den Weg zum Campingplatz, der eigentlich nur 10 Minuten vom Bahnhof entfernt sein sollte.

Der Campingplatz ist direkt an der Hauptstraße, aber auch nur 10 Minuten von der Innenstadt entfernt. Erst kochen die Kinder Tortellini, dann wasche ich ab. Nun machen wir uns zu Fuß auf den Weg an einer JH vorbei (500 m vom Campingplatz entfernt), kommen an einer Meisterfahrradwerkstatt vorbei, an einem Outdoor-Laden, an einem Ökokleider-Laden - wunderbar -, denn die ersten beiden brauchen wir unbedingt! Hier draußen merkt man, wie die Engel den Menschen führen! Alles passt immer ganz genau!

Neben uns campen Leute, die laut Musik hören. Um 22:00 Uhr spätestens sei Schluss, versprachen sie uns; wenn es vorher stört, sollen wir uns melden… 22:30 Uhr ist die laute Musik immer noch an,… ebenso am Samstag.

Anmerkung: Aufgrund von Problemen mit der Navigations-App liegen für die folgenden Streckenabschnitte keine detaillierten Fahrdaten mehr vor ☹.

Marburg bis Limburg an der Lahn

Karsamstag 31. März Marburg

Wir besuchen eine Fahrradwerkstatt zur Überprüfung der Speichen der Kinderräder sowie meines Lenkkopflagers. Obwohl am Samstag eigentlich keine Reparaturen durchgeführt werden, hat der Reparateur Zeit und mit einer Seelenruhe geht er unserem Anliegen nach. Das ist wirklich sehr freundlich. Danach gehen wir noch zum Outdoor-Laden, dort hat Mathis sich ein Messer zu Ostern ausgesucht. Der Verkäufer hat eine Riesengeduld! Er erklärt alles über Messer und will dem Mathis auch kein Jagdmesser verkaufen. Wir sind 2x dort, bestimmt insgesamt 1,5 – 2 h und wir kaufen Imprägnierung für das Zelt, was allerdings nicht viel gebracht hat. Die Plane geben wir nun nicht mehr her. Außerdem kaufen wir auch eine ordentliche Radfahrkarte, da sowohl das Fahrrad-Navi nicht entlang der Lahn navigierte als auch meine Fahrrad Offline- und Online-Navigation nicht nach unseren Vorstellungen funktioniert. Der Falkplaner ist uns zu umständlich. Mit der echten wasserfesten Papierkarte geht es gut, sie hat nur leider wieder Gewicht. Aber an der Lahn ist der Radweg R7 auch super ausgeschildert. In Marburg ist der Samstag sehr sonnig, es ist der erste wirklich sonnige Tag überhaupt.

Ostersonntag 1. April Marburg

Es regnet den ganzen Tag. Vormittags sind wir in der Ostersonntagshandlung, dorthin fahren wir 5 km, davon 1 km 15% bergauf. Nachmittags besuchen wir das neben dem Camping gelegene Aquamaris. In dem Spaßbad können die Kinder schwimmen, tauchen, klettern, rutschen und das alles im Warmen. Abends klart es glücklicherweise auf und wir können ein Osterfeuer entfachen.

Ostermontag 2. April Marburg

An diesem Montag hat Michel einen Magen-Darm-Infekt. Er schläft den ganzen Tag. Gottseidank ist uns das Wetter gnädig, denn es ist trocken. Die großen Jungs spielen Minigolf, lesen und reparieren mit Frank die Bremsen. Ich schreibe. Die Zeit jedenfalls vergeht im Fluge.

Dienstag 3. April Marburg - Lollar

27 km, 11:30 - 15Uhr

Trotzdem Michel eigentlich noch krank ist, müssen wir weiterfahren, denn der Campingplatz liegt direkt!!! an der Autobahn mit einer Raststätte. Wir können den Autobahnlärm nicht mehr aushalten. An den Tagen/Nächten vor Marburg gab es auf unserer Reise nie Lärm!

Der Weg entlang der Lahn ist zwar flach, aber Michel ist noch sehr schwach. Leider hat der Campingplatz, den wir anvisiert hatten, erst ab dem 15.4. geöffnet. Also müssen wir weiterfahren. Der arme Michel! Tags zuvor hat er noch erbrochen, heute ist er mit einem halben Brötchen 27 km geradelt. Wir sind sehr froh, dass wir am nächsten Platz bleiben können, denn dieser Platz befindet sich eigentlich noch im Winterschlaf. Auch hier sind wir die ersten Camper. Obwohl Mathis immer weiter will, richten wir uns nach dem gerade Schwächsten (zu Beginn waren Frank und ich das). Frank versucht Michel mit Sprüchen wie: "Ich mag Schlagsahne lieber, als Schlaglöcher" zu motivieren, als er durch das einzige weit und breit vorhandene Loch poltert.

Auf dem Platz sind Bagger, Radlader und andere Baumaschinen zugange, sodass Michel sich, auf einer Decke unterm Schlafsack mit für ihn spannendem Ausblick direkt an der Lahn liegend, erholen konnte. Maxi, Mathis und Frank fahren wieder einkaufen. Ich schreibe. Empfinden in Hessen: Die Menschen sind sehr freundlich, herzlich und zuvorkommend. Als Fahrradfahrer hat man hier immer Vorfahrt. Das kennen wir so gar nicht.

Mittwoch 4. April Lollar - Wetzlar 24 km

Um 7:30 Uhr wachen wir auf. Frank schaut nach dem Wetter. Da es um 8:00 Uhr regnen sollte, springen alle aus ihren Schlafsäcken, stopfen sie in den Beutel, ebenso die Isomatten. In null Komma nichts ist das Zelt leer, aber es regnete nicht. Also essen wir erst Frühstück. Dann regnet es doch und im Nu ist auch das Zelt trocken eingepackt. Dieser Tag ist kalt und ungemütlich. Als wir um 13:30 Uhr am Kanu-Campingplatz ankommen, regnet es wie aus Kübeln los. Der Erfahrung nach müssen wir uns ja nach geöffneten Campingplätzen richten. So früh im Jahr haben noch nicht so viele geöffnet. Hier sind wir auch die einzigen. Es gibt einen warmen Aufenthaltsraum für uns ganz alleine. Dort können wir uns trocknen und aufwärmen. Es gibt sogar Bücher (man darf sie auch mitnehmen), die die großen Jungs sogleich lesen. Mathis findet ein Buch "Hätten Sie's gewusst?" 1,5 kg Gewicht, das wir am nächsten Tag in Wetzlar mit überschüssigem Gepäck heimschicken. Heute kocht Frank auf unserem Kocher. Die Kocher sind täglich im Einsatz, meist sogar wirklich beide, denn wir haben viel Hunger. Meistens gibt es Nudeln, Kartoffelbrei, Dosenfisch, Couscous, Onkel Ben's Reis, Hirse, Kartoffelsalat mit Würstchen und natürlich ständig Brot und Käse. Ab Ostern auch wieder Nutella und Schokomüsli. Nachts regnet es weiter durch. Dank der Plane bleibt alles trocken.

Donnerstag 5. April Wetzlar - Stockhausen

Eine Sonne ist auf unserer Brötchentüte gemalt! Was für eine Freude! Morgens besuchen wir den Dom in Wetzlar und bemerken den Schauer gar nicht. Unterwegs gibt es dann Hagel, aber wir sind gerade im Rewe einkaufen und somit trocken geblieben! Überhaupt sind wir nicht viel nass geworden. Wir wollen auf einem Campingplatz zelten, der nur aus einer Wiese besteht und einem kleinen unbeheizten Waschhaus. Bei starker Westwindlage bauen wir das 1,70 m hohe Igluzelt auf und gleich wieder ab, da es sich bei Windböen auf den Boden legt und wir an unserem geliebten 4-Personen Hauszelt (in welches wir auch zu fünft gerade so mit 50 cm breiten Isomatten hineinpassen) keinen Riss riskieren wollen. Eine hinter Tannen geschützte Stelle gibt es. Dort dürfen wir allerdings nicht zelten, denn dann hätte Herr G., der Campingplatzwart, Ärger bekommen. Das wollen wir ja auch nicht. Herr G. kommt extra nochmal zum Platz, um uns zu verabschieden. Er hat für uns eine Pferdepension in Stockhausen aufgetrieben, was sehr sehr nett von ihm ist. Übrigens sind hier in Hessen die Menschen überhaupt sehr nett und fahrradfreundlich. Deshalb sind wir auf folgende Begegnung überhaupt nicht vorbereitet:

Um 17:30 Uhr kommen wir kaputt nach nochmal 200 m hinauf bei der hoch gepriesenen ADFC-Station an. Der Herr vom „Grauen Stein" zeigt uns die Wohnung. Sie ist nicht so luxuriös wie in Erzeberg und mit 110€ auch reichlich überteuert. Leider haben wir nur noch 60€ dabei. Der Mann bleibt hart, err will nur Bares! Eine Teilüberweisung weder per Telefonbanking noch Onlinebanking akzeptiert er. Er will auch nicht, dass wir das Zelt in seinem riesigen Garten aufstellen. Michel kann nicht mehr weiter, aber er nimmt uns nicht auf. Es ist 18 Uhr und wir haben drei müde Kinder!!! Mathis sagt:„ Der Mensch ist unbarmherzig oder?" Das Ganze raubt mir in der folgenden Nacht vor Wut und Unverständnis den Schlaf. Aber deshalb sind wir ja auf Tour, damit wir genau auch so etwas erfahren. Während wir draußen überlegen, was wir tun sollen, kommt die Frau des Hauses und bietet an, einen von uns zum nächstgelegenen Bankautomaten zu fahren, mehrere km über viele Höhenmeter. Sie ist unser rettender Engel. Nun können/müssen wir bleiben. Ein Vorteil hat das Alles: wir können wieder Wäsche waschen, da es dort eine Waschmaschine und warme Heizungen zum Trocknen gibt.

Freitag 6. April Stockhausen - Limburg 50 km.

Im Nu sind wir 13 km geradelt - fast geflogen an der Lahn. Maxi und Mathis fahren vornweg und haben Spaß. Michel und Frank radeln hintenan, ich irgendwo in der Mitte. Manchmal ist es im Schatten sehr kalt und auch eng aufgrund der Felsen und Gärten, des Waldes oder der Bahn. Die zweite Pause machen wir an einem Spielplatz, was bisher zu Michels Leid nie geklappt hat. Wie sich für uns herausstellte war das unser Glück, denn Michel hat sich auf dem Spielplatz so verausgabt, dass nach der Pause Frank und ich seine Satteltaschen nehmen müssen, da Michel nicht mehr kann. Aber auch die letzten 13 km gehen mit Rückenwind und bergab prima und schnell.

Christian, ein Freund von Frank, der uns am Abreisetag verabschiedet hat, kommt an diesem Tag mit Monika, seiner Frau, am Campingplatz vorbei und lädt uns anlässlich seines Geburtstages auf Kaffee und Kuchen ein. Die Kinder dürfen im Saab auf edlen Ledersitzen im Auto mitfahren. Herzlichen Dank an die beiden.

Leider hat man unterwegs nicht viel Zeit zum Schreiben. Die Zeit vergeht hier draußen wie im Fluge und man hat immer gut zu tun. Allerdings helfen auch die Kinder meistens sehr gut mit beim Zelt aufbauen, beim Kochen oder beim Abspülen. Ihre Sachen haben alle immer super beisammen!

Die Kinder verstehen sich prima. Sie fahren auch bei fast jeder Pause Fahrrad, rennen, spielen Ball etc..

Limburg bis St. Goarshausen

Samstag 7. April Limburg

Heute ist Sommerwetter mit Temperaturen über 20 Grad angesagt. Die Wintersachen bleiben in den Satteltaschen und wir fahren morgens mit den Fahrrädern zum Dom, der auf einem Hügel gelegen ist. Drinnen ist es angenehm kühl und wir bewundern die Baukunst der vergangenen Jahrhunderte. Der Domschatz befindet sich in einem vorgelagerten Haus. Dort sind auch Schautafeln und Bücher ausgestellt, die u.a. von der Pest berichten. Maxi und Mathis verbringen hier einige Zeit und ich genieße es bei milden Temperaturen in dem kleinen Garten vor dem Haus die ersten Blüten und Bienen zu beobachten. In der Stadt ist Markttag und wir stärken uns mit Brot, Käse und Fischbrötchen. Nach einigen Besorgungen (Sommermützen für die Kinder, Sandalen für Frank, Schwimmweste für Michel) sind wir wieder zurück auf dem Campingplatz. Michel darf jetzt auch ohne uns am Wasser spielen und zur Schleuse gehen, die Boote beobachten. Wir haben Zeit zum Kochen und können mal wieder so richtig bequem an einem Tisch sitzen, da es auf dem Campingplatz Bierzeltgarnituren gibt. Es kommt die Idee auf, ein Bad in der Lahn zu nehmen. Das Wasser stellt sich jedoch als extrem kalt heraus. Wir spielen dann, wer am längsten die Füße ins Wasser halten kann. Am zähesten ist Mathis mit 20 s.

Sonntag 8. April Limburg - Obernhof 35 km

Michel möchte eigentlich lieber auf dem Campingplatz bleiben und spielen. Wir nehmen ihm sein Gepäck ab, damit er es leichter und mehr Freude am Radeln hat. Die Rechnung geht nicht so richtig auf und unsere Fahrräder sind so überladen, dass es auch für uns nicht rund läuft. Maxi und Mathis sind weit voraus und erkunden einen geeigneten Platz für eine Mittagspause. Es gibt die restlichen Nudeln von gestern mit Frischkäse und einer Tütensuppe. Damit es im zweiten Streckenabschnitt besser läuft, nimmt jeder einen Teil aus Michels Taschen. Die gewichtsreduzierten Satteltaschen werden wieder an Michels Gepäckträger befestigt. Auf den flachen Streckenabschnitten schieben wir unseren Jüngsten manchmal, so dass wir nun besser vorankommen. Laut Streckenplanung müssen wir jetzt eine Anhöhe mit 200 Höhenmetern überqueren. Da steht ein Mann mit Hund, der winkt und uns etwas zuruft. Wir halten an und erfahren, dass es einen schmalen geschotterten Weg entlang der Lahn gibt, um die Anhöhe zu umgehen. Der Mann hatte unsere mit Gepäck beladenen Fahrräder gesehen und konnte sich nicht vorstellen, dass wir damit über die Anhöhe kommen würden. In unserer Karte ist der Weg nicht eingezeichnet, da er nicht offiziell und teilweise sehr schmal ist. Wir nehmen die Alternativroute dankbar an, zumal auch die Temperaturen wieder kräftig gestiegen sind. Der Weg erweist sich als voller Erfolg bei den Kindern. Auch Michel dreht jetzt richtig auf. Auf schmalen Singletrails entlang des Ufers und Waldrandes kommt hier Mountainbike-Feeling auf. Wir begegnen einigen Mountainbikern, die allesamt Platz machen, damit wir mit unseren überbreiten Gepäcktaschen passieren können, teilweise mit dem Hinweis vorsichtig zu sein, da man nur allzu leicht vom Weg abkommen und in den Fluss rutschen kann. Mein Tourenrad mit den schmalen Reifen ist hier nicht ganz zu Hause und ich komme als letzter am Ende der Abkürzung an. Nach wenigen Kilometern erreichen wir Obernhof und bauen unser Zelt am Lahnufer direkt unter einer Eisenbahnbrücke auf. Wir können hier sogar ein Lagerfeuer entzünden. Aufgrund der schon sommerlichen Temperaturen entscheiden wir uns jedoch heute für den Besuch der Eisdiele gegenüber. Obwohl wir müde von der Anstrengung zu Bett gehen, gestaltet sich der Schlaf schwierig, da die ganze Nacht etwa zwei Züge pro Stunde „durch" unser Zelt rauschen.

Montag 9. April Obernhof - Lahnstein 34 km

Michel ist sehr traurig. Er möchte so gerne mit seinem Freund spielen und gar nicht aufstehen an diesem Morgen. Wir schreiben ihm einen Brief und fragen, ob er uns nicht besuchen kommen möchte.

Unsere Tagesetappe beginnt mit einem steilen Anstieg zur Klosteranlage, von der man einen weiten Blick über die Lahn und einer gegenüberliegenden Burg hat. Danach geht es zunächst wieder steil abwärts durch einen Wald und im weiteren Verlauf immer wieder auf und ab der Lahn entlang. Die Kinder haben ihren Spaß. An einem Wasserkraftwerk machen wir eine Pause. Wir schauen uns die Anlage an und verweilen noch ein wenig, da Maxi und Mathis Weidenstöcke zum Schnitzen gefunden haben und diese noch zurechtgesägt werden müssen. Kurze Zeit später sind wir in Bad Ems. Wir rollen über die Kurpromenade bei Sonnenschein. Cafés und Palmen säumen den Weg, man könnte meinen, schon in Nizza zu sein. Mathis fährt jetzt in seinem Tempo alleine voran, immer der guten Beschilderung des Lahnradweges nach, in allerbester Laune. Passanten riefen uns zu: „Kind voraus". In Lahnstein angekommen, wartet er auf uns und wir beraten das weitere Vorgehen. Direkt am Rhein ist auf unserer Karte ein Campingplatz eingezeichnet, der sich jedoch als Wohnmobilstellplatz entpuppt. Hier dürfen wir unser Zelt nicht aufschlagen. Ich rufe auf dem Campingplatz Burg Lahneck an, der ca. 100 Höhenmeter und weitere 3 km Strecke entfernt liegt. Es meldet sich der Inhaber Herr M., ein wie mir scheint sehr genauer und korrekter Mensch. Als ich ihm sage, dass es noch mindestens eine Stunde dauern wird, bis wir bei ihm auf dem Hügel ankommen werden, meint er, es wäre in diesem Falle besser eine Reservierung vorzunehmen. Er benötigt von mir die Anzahl der Personen, das Alter, die genauen Abmessungen unseres Zeltes und fragt, ob wir evtl. noch einen Hund mitbringen. Ich bin gespannt, was uns dort oben erwarten wird. Unsere Jungs meistern den Anstieg mit Kraft und Ausdauer im Wiegeschritt. Oben angekommen begrüßt uns Herr M., ein älterer Herr mit Hemd und Krawatte freundlich. Er weist uns darauf hin, dass die Kinder sich nur auf dem Spielplatz bewegen dürfen. Herumschleichen und Indianer spielen zwischen den Wohnwagen und den (noch nicht vorhandenen) Zelten ist nicht gestattet. Falls die Kinder Fußball spielen möchten, geht das nur mit einem speziellen Softball, der bei ihm auszuleihen sei. Wir nicken, dass wir die Regeln verstanden haben und gehen zum nächsten Punkt der Platzeinweisung über. Herr M. hatte ja unsere genauen Zeltabmessungen und hatte sich seit meiner Reservierung schon Gedanken gemacht, welchen der über 100 freien Plätze er uns für unser Zelt anbieten kann. Eigentlich machen Zelte ja nur den Rasen kaputt aber bei den Wohnwagen müsse er auch wohl oder übel akzeptieren, dass ein Vorzelt aufgebaut wird. Wir machen eine Platzbegehung und er zeigt uns fünf Plätze, an denen wir unser Zelt aufstellen können und erläutert die Vor- und Nachteile der einzelnen Plätze. Noch nie haben wir so lange benötigt, einen geeigneten Platz auf einer fast leeren Wiese zu finden. Von hier haben wir einen wunderbaren Ausblick auf den Rhein. Juhu, wir haben mit eigener Muskelkraft den Rhein erreicht.

Dienstag 10. April Lahnstein

Heute verweilen wir in Lahnstein und machen morgens eine kleine Wanderung zur Klinik Lahnhöhe. Danach besichtigen wir die Burg Lahneck, die bis auf den Turm zerstört war und im 19. Jahrhundert in Privatbesitz wechselte, neu errichtet und zu Wohnzwecken ausgebaut wurde. Der Turm ist als Fünfeck konstruiert, so dass die Geschosse der Angreifer an den spitzen Seiten abprallten, was offensichtlich gut funktioniert hat. In der Burgküche gab es eine offene Feuerstelle, über der ein Topf an einer Art Sägeblatt mit Zähnen höhenverstellbar aufgehängt werden kann. Wenn nun schnell etwas erhitzt werden sollte, musste ein Zahn zugelegt werden, d.h. der Topf kommt näher ans Feuer. Die heute noch benutzte Redewendung könnte hier ihren Ursprung haben.

Nachmittags wandern wir zum Rhein hinunter und beobachten die Schiffe. Am späten Abend kommt eine Schlechtwetterfront über uns hinweg. Der Wind dreht und zwar so heftig, dass wir, die wir eigentlich schon im Begriff zu schlafen sind, unser Zelt an einen geschützten Platz verlegen müssen. Laut Campingplatzordnung ist dieses zwar strengstens verboten, worauf wir aber in diesem Fall pfeifen.

Mittwoch 11. April Lahnstein - St Goarshausen 32 km

Es regnet die ganze Nacht und wir nutzen eine morgendliche Regenpause, um unser Zelt abzubauen und uns reiseklar zu machen. Bevor es losgeht, fragen wir Herrn M., ob wir unser Frühstück an einem überdachten Tisch vor seinem Büro einnehmen können. Die Antwort ist „ja", aber nur wenn auf dem Tisch nicht gekleckert wird, also eigentlich doch „nein" aus unserer Sicht. Sein Mitarbeiter hat noch fix eine Tischdecke, zur Sicherheit mit Unterdecke, parat, so dass unser Frühstück dann doch nicht ins Wasser fallen muss. Unser erster Fahrradtag am Rhein gestaltet sich ohne nennenswerte Höhenmeter. Wir kommen auf der rechten Rheinseite gut ins Rollen. Die Kinder zählen die vorbeifahrenden Schiffe. Trotz einer längeren Pause erreichen wir unser Ziel schon am frühen Nachmittag und beziehen unseren Zeltplatz direkt am Rheinufer. Wir fahren dann noch wenige Kilometer ohne Gepäck weiter zum Loreley Felsen und nehmen den Treppenweg hinauf. Nach einer Besichtigung des Ausstellungszentrums auf dem Plateau geht es zurück zum Campingplatz. Der Rückweg gestaltete sich schwierig, da Mathis an einem Magen-Darm-Infekt erkrankt ist und sich nicht mehr auf den Beinen halten kann, geschweige denn Fahrrad fahren. Mathis setzt sich bei Melanie auf den Gepäckträger. Es ist schon schwer für ihn, sich dort zu halten. Mathis' Fahrrad wird von Frank mitgenommen.

Donnerstag 12. April St. Goarshausen

Mathis und Maxi haben mit einem Magen-Darm-Infekt zu kämpfen. Die Campingplatzbesitzerin kocht ihnen einen griechischen Bergkräutertee mit Honig. Außerdem dürfen wir Tisch, Stühle und Liegen benutzen, so dass wir einen gemütlichen Krankentag bei Sonnenschein auf der Rheinwiese verbringen.

Freitag 13. April St. Goar

Wir nehmen die Rheinfähre und fahren auf die linksrheinische Seite hinüber nach St. Goar, wandern hinauf zur Burg Rheinfels und besichtigen sie. Vom höchsten Turm der Burg hat man einen wunderbaren Ausblick in das Rheintal. Für die Kinder mit ihrem Infekt eine große Anstrengung. In der Burg befindet sich auch ein Museum, in dem u.a. auch Informationen zum früheren Beruf des Lotsen ausgestellt sind. Die Rheinlotsen stellten sicher, dass die Rheinschiffe um die Untiefen und Stromschnellen der Loreley geschifft wurden. Mit der Sprengung von Felsen innerhalb der Fahrrinne und der Einführung des Radars wurden die Lotsen in den 80er Jahren nicht mehr benötigt.

St. Goarshausen bis Mannheim

Samstag 14. April St. Goarshausen - Geisenheim 34 km

Wir fahren auf der rechten Rheinseite weiter. Zunächst an der Loreley vorbei, bis wir nach ca. 14 km den Ort Kaub erreichen. Hier setzen wir mit einer Fähre über zur Zollstation und Grenzfeste Pfalzgrafenstein, die auf der kleinen Insel Falkenau vor Kaub im Rhein liegt. Die Festung diente zur Sicherung des Wasserweges und zur Erhebung von

Zöllen. Mathis darf die Fähre steuern und setzt uns sicher über den Rhein. Der Fährmann erzählt uns von seinem eigentlichen Beruf als Rheinschiffer: Die Schiffe fahren meist rund um die Uhr, so dass immer zwei Kapitäne und ein Steuermann in Besitz des Rheinschifferpatentes an Bord sein müssen. Besonders anstrengend sind die Nachtfahrten mit Radar. Falls einmal eine Person krank ist, springt unser Fährmann gelegentlich noch ein, was sehr gut bezahlt wird, denn die Reederei verdient nur, wenn die Schiffe fahren. Nach dem Stopp in Kaub führt der Radweg auf einem Teilstück nicht direkt am Wasser entlang und wir haben einige Höhenmeter im Programm, dafür werden wir aber mit rasanten Abfahrten mit Panoramablick auf den Fluss entlohnt. Kurz vor Rüdesheim fahren wir in eine Baustelle des Fahrradweges hinein. Wir müssen entweder wieder zurück und Höhenmeter nehmen oder die schwer beladenen Räder über die Leitplanke wuchten und ein Stück die Autostraße nehmen. Wir entscheiden uns für letzteres und erreichen den recht großen Campingplatz in Geisenheim.

Sonntag 15. April Geisenheim - Mainz 31 km

In der Nacht hatte es wieder geregnet, doch pünktlich zum Aufstehen stoppen die Tropfen und die Sonne kommt heraus. So oder so ähnlich haben wir es schon oft auf unserer Tour erlebt. Gerade morgens, wenn die Temperaturen ihr Minimum erreicht haben, möchte man den warmen Schlafsack möglichst nicht verlassen und wenn dann die Sonne wärmt, ist es ein wahres Geschenk. Wir radeln eine gute Stunde auf dem Rheinradweg und haben schon über die Hälfte unserer Tagesetappe gemeistert. Wir machen am Ufer Rast. Der breite Rhein, das sandig, steinige Ufer und die einlaufenden Wellen fühlen sich an wie der Ostseestrand. Die Kinder spielen, gehen mit den Füßen ins Wasser. Die Temperaturen steigen wieder kräftig an. Der Radweg und die Grünflächen sind jetzt voll von Sonntagsausflüglern. Wir müssen uns konzentrieren, Slalom um die Fußgänger fahren und den überholenden und entgegenkommenden Radverkehr im Blick haben. Am besten, so scheint es mir, gelingt dies unseren Kindern. Dafür sind sie zuvor an einer großen Wiese mit vielen Störchen und deren Nestern vorbei geradelt, ohne etwas bemerkt zu haben. Am späten Nachmittag kommen wir in Mainz auf der Maaraue, dem Mündungsgebiet des Mains in den Rhein an. Kurz vor dem Campingplatz denkt unser Fahrrad-Navi dann wohl, dass wir mit einem 2 m breiten Wohnanhänger unterwegs sind und lässt uns noch einmal 3 km extra strampeln. Dafür wissen wir jetzt, wie man den Platz, der direkt am Radweg liegt auch mit dem PKW erreichen kann.

Die Kinder schreiben Briefe an ihre Klassenkameraden. Mathis schreibt zusätzlich Geburtstagspost an seine Freunde.

Montag 16. April Mainz

Den Vormittag verbringen wir auf dem Zeltplatz und üben Rechnen. Michel +-* und die Reihen, Mathis rechnet mit Dezimalzahlen und Maxi beginnt mit der Algebra, Ausklammern von Variablen und Lösen von Gleichungssystemen mit einer Variablen. Ich versuche möglichst Beispiele aus dem "Alltag" heranzuziehen. Am Nachmittag steht die Besichtigung des Doms auf dem Programm. Eigentlich wollten wir danach das Gutenbergmuseum besichtigen, montags ist dieses jedoch geschlossen. In der kommenden Nacht werden wir von lauten Schlägen gegen eine Wohnwagentür geweckt. Kinder rufen, die Situation ist unklar. Ein Mann bewegt sich über den Platz an unserem Zelt vorbei, dann hört man ein Auto davon fahren. Kurze Zeit später hört man eine Frau mit einem Kind aus dem Wohnwagen kommen. Wir können nur spekulieren, was hier wohl vorgefallen ist und versuchen noch einige Stunden zu schlafen, denn am kommenden Vormittag packen wir wieder zusammen und fahren weiter.

Dienstag 17. April Mainz - Riedsee 25 km

Am Vormittag besuchen wir das Landesmuseum, hier gibt es eine Ausstellung zu Donald Duck und Mickey Mouse. Ganz interessant zu erfahren, wie die Comics und insbesondere die Zeichentrickfilme entstehen. Nach einer guten Stunde haben wir alles gesehen und fahren weiter Rheinaufwärts. Der Radweg führt nach kurzer Zeit an einem Deich entlang, die Landschaft ist flach, der Rhein nicht mehr zu sehen. Wir sind uns einig: Wir könnten hier an der Nordsee sein. Die Temperaturen haben nachmittags sommerliche Werte erreicht. Unser Campingplatz liegt direkt an einem Badesee. Das erste Mal seit Tagen hören wir nachts keine Schiffe, Eisenbahnen oder Flugzeuge. Hier könnten wir länger bleiben.

Mittwoch 18. April Riedsee - Worms 45 km

Schon am Morgen ist es sehr warm und wir erwarten einen heißen Sommertag. Wir kürzen ein wenig ab und verlassen den Radweg R6 für 8 km und wollen in Gernsheim noch ein Paket nach Hause senden, so dass wir unser Gepäck noch weiter reduzieren. Obwohl Gernsheim ein kleiner Ort ist, gestaltet sich die Navigation zur Post schwierig. In der Karte ist nichts eingetragen, das Fahrrad-Navi kennt nur eine Postbank. Zum Glück gibt es noch die Einheimischen, die wir fragen können. Dieses sogenannte Durchfragen ist jedoch nicht immer optimal, um ein Ziel schnell zu erreichen. Nach der Aufgabe des Paketes geht es weiter und wir müssen wieder zurück auf den Radweg und haben eigentlich erst einmal Hunger. Ursprünglich war geplant noch etwas einzukaufen, da es jedoch noch 25 km bis Worms sind, wollen wir nicht noch länger in dem Ort rumgurken, uns wieder durchfragen um dann wieder mit schwer gefüllten Satteltaschen in der prallen Sonne zu radeln. Stattdessen gibt es für jeden noch ein Müsli mit einem Milch-Wasser-Gemisch. Danach geht es mit absolut leeren Verpflegungstaschen und sehr übersichtlichen Wasservorräten weiter. Direkt am Kernkraftwerk Biblis vorbei, weiter durch ein Naturschutzgebiet und über Felder zurück zum Rhein und über die Brücke nach Worms. Bei einem Auffahrunfall von Mathis auf Michel, merken wir, wie anstrengend die Hitzebelastung auch für die Kinder ist. Zum Glück ist Mathis ein Künstler, wenn es um das Abrollen von plötzlich nicht mehr zu bändigenden Fahrrädern geht und er kommt mit großem Schrecken und kleineren Schürfwunden davon.

Donnerstag 19. April Worms - Mannheim 27 km
Heute beginnt die Fahrt auf der linken Rheinseite. Da unser Ziel Mannheim jedoch rechtsrheinisch liegt, müssen wir den Fluss überqueren. Auf unserer Karte ist eine Autobahnbrücke eingezeichnet und Treppensymbole sind markiert. Wir sind gespannt und tatsächlich führen Treppenstufen mit seitlichen Fahrradschienen die Brücke hinauf. Wir schieben gemeinsam Fahrrad für Fahrrad die steile Rampe die Brücke hinauf. Oben angekommen radeln wir genau in der Mitte zwischen den beiden Fahrtrichtungen über die Autobahn. Am Ende geht es die steile Rampe wieder hinunter und wieder zurück auf den Fahrradweg. Nach etwa 2 km überqueren wir den Altrhein mit einer über 100 Jahre alten Fähre, gelangen über ein Industrie- und Hafengebiet nach Mannheim, wo der Neckar in den Rhein mündet. Wir queren die Altstadt in der prallen Mittagssonne, fahren durch enge Gassen, atmen Abgase und den Duft von Obst- und Gemüseständen ein, wir könnten hier auch in Nizza oder Bastia sein. Nur das Meer fehlt. In einem Naturschutzgebiet liegt ein Campingplatz direkt am

Rhein. Hier verbringen wir den weiteren Nachmittag an einer Badestelle und fallen abends nach dem Essen müde in unsere Schlafsäcke.

Freitag 20. April Mannheim

Heute besuchen wir den Hockenheimring, der nur wenige km von Mannheim entfernt ist. Dort findet an diesem Wochenende das Bosch Hockenheim Historical statt. Bei Betreten des Motodroms hören wir schon das Dröhnen von Autos, die mal einzeln, mal im Pulk vorbeirasen. Wir kennen uns in Sachen Motorsport nicht wirklich aus. So werden wir von den Damen am Eingang der Tribüne zunächst nicht eingelassen. Die Kinder benötigen Gehörschutz für ihre Ohren. Dann dürfen wir passieren und verbringen dort noch einige Stunden unter ständigem Gedröhne. Die Kinder finden es jedoch nur super!

Mannheim bis Kehl am Rhein

Samstag 21. April Mannheim – Philippsburg 41 km
Am Morgen verlassen wir Mannheim und fahren zunächst Waldwege, kommen dann zum Rhein und setzen mit der Fähre auf die linksrheinische Seite über. Gegen Mittag erreichen wir Speyer und besichtigen den Kaiserdom. Es findet gerade ein Gottesdienst statt und wir hören der Orgelmusik zu. Danach geht es in die Stadt. Eine lange und v.a. breite Fußgängerzone mit gemütlichen Cafés und Eisdielen lädt zum Verweilen ein. Wir suchen eine Buchhandlung auf, um eine neue Fahrradkarte zu kaufen. Der neue Faltplan reicht jetzt bis zum Bodensee. Für uns geht es heute noch weiter bis nach Philippsburg. Auf dem Weg dorthin kommen wir am Technikmuseum vorbei und sind beeindruckt von der riesigen Boeing 747, die schon von weitem zu sehen ist. Hier wollen wir Station machen, was wir für den morgigen Sonntag planen. Mit einer Ausflugsfähre mit Blumenkästen an der Reling setzen wir wieder über den Rhein und erreichen den Campingplatz am Freyersee am späten Nachmittag. Die Kinder können hier am kleinen Strand am See spielen. Unser Zelt schlagen wir direkt daneben auf.

Sonntag 22. April Philippsburg/ Speyer
Maxi, Mathis und ich besichtigen das Technikmuseum in Speyer. Das heißt erst einmal 10 km wieder „zurück" mit dem Fahrrad. Dort gibt es viele Flugzeuge und Schiffe im Original zu sehen. So besichtigten wir das russische Transportflugzeug Antonov, eine Boeing 747, einen Seenotrettungskreuzer und ein U-Boot der Marine. Besonders interessieren sich die beiden für die Raumfahrtausstellung. Im 360-Grad Kino IMAXX sehen wir den Film Blue Planet. Wir haben das Gefühl, in einer Raumstation um die Erde zu schweben, deren

Schönheit zu bewundern, aber auch die massiven Eingriffe der Menschen zu sehen. Gut, dass Michel nicht mit dabei ist. Schon Mathis sagte hinterher, er fühle sich ganz "drömelig" und komisch, ganz aufgesogen in den Film hinein. Der Film ist ab 0 Jahren!

Michel spielte in der Zeit mit den Kindern am und im Badesee und blieb mit Melanie am Campingplatz. Hier wurde fleißig Wäsche gewaschen, die auf dem Zaun in der Sonne trocknen konnte.

Montag 23. April Philippsburg – Rülzheim 32 km

Die Sonne scheint morgens in unser Zelt, in der Nacht war es sehr mild. Doch beim Hinausgehen (vielleicht könnte man es auch passender mit Heraussteigen beschreiben) ist eine dunkelblaue Regenfront zu erkennen, die in Begriff ist, zu uns rüber zu kommen. Jetzt werden alle Familienmitglieder aktiv und packen die Isomatten und Schlafsäcke geschwind ein, damit das Zelt im Nachgang trocken verstaut werden kann. Geschafft! Die ersten Tropfen fallen schon und wir begeben uns zum Frühstück an einen Tisch unter einem Dach, wo wir jetzt entspannt frühstücken können. Wir haben direkten Blick auf den Badesee und das dahinter gelegene Kernkraftwerk Philippsburg. Aus einem der beiden Kühltürme steigt Dampf auf, es wird also noch Energie erzeugt. Der Plan ist, das Werk zu besichtigen, ich rufe beim Betreiber an. Leider gibt es nur eine Bandansage. Wir fahren trotzdem erst einmal bis an das Gelände heran und dann noch einige Zeit drum herum, bis wir ans Besucherzentrum gelangen. Das schwere Tor ist ein wenig geöffnet, so dass wir mit den Fahrrädern durchkommen und auf dem Gelände parken. Zunächst ist keine Menschenseele zu sehen. Ein eigenartiges Gefühl macht sich breit. Doch dann öffnet sich eine Tür und ein sehr freundlicher Mann fragt uns, ob wir nicht bei der jetzt sofort beginnenden Führung mitmachen möchten. Natürlich!, darum sind wir ja hierher geradelt. Schon sitzen wir bei einem Glas Apfelsaft zusammen mit einer Schulklasse im Vortragsraum und bekommen die Funktionsweise erklärt. Wir erfahren auch, dass der Block im nächsten Jahr vom Netz geht. Man könnte zwar noch viele Jahre Strom erzeugen und im Vergleich zu anderen Atomkraftwerken in Europa und der Welt läuft die Anlage auf höchstem Sicherheitsniveau, der Gesetzgeber hat es jedoch so beschlossen. Der Standort wird in den nächsten 20 Jahren zurückgebaut. Ein Teil der benötigten Energie wird dann über Gleichstromkabel von neuen Offshore Anlagen in Nord- und Ostsee hier hergeleitet. Momentan beginnt man die riesigen Pfeiler der Windkraftanlagen in den Meeresboden zu rammen. Als nächstes ist die Besichtigung des Kühlturmes geplant. Dieser Turm ist technisch gesehen eigentlich überwiegend überflüssig, da der Rhein genügend Frischwasser liefert und auch nicht unzulässig viel aufgeheizt würde. Das Land benötigt jedoch Geld und hat den so genannten Wassercent eingeführt. Um die Wasserentnahmekosten zu drücken, kühlt der Turm das Wasser ab und speist es zu 60 Prozent wieder in den Kreislauf ein. Wir sind überrascht, dass man einfach so den Turm betreten kann. Michel möchte zunächst nicht mit. Es geht über eine Wendeltreppe 15 Meter hinauf durch eine Tür in dampfend zischende Nebelschwaden hinein. Michel überwindet sich dann doch und kann ebenfalls die 36 Grad bei 100 Prozent Luftfeuchte erleben. Alle, die möchten, dürfen bis in die Mitte des immer heißer werdenden Kühlturmes gehen. Als nächstes werfen wir einen Blick in das Reaktorgebäude und das Maschinengebäude, jedoch nur mittels einer Videokamera. Zum Schluss ist noch Zeit für Fragen und Diskussionen angesetzt. Fazit, es ist noch viel in Bewegung zu setzen, um die Energiewende und das Betreiben von E-Autos zu realisieren. Wir fahren jetzt mit Muskelkraft und ohne klimaschädliche Abgase weiter bis Rülzheim, wo wir an diesem Abend die einzigen Gäste mit Zelt und Fahrrad sind. Es gibt hunderte von Nacktschnecken, es ist feucht auf der Wiese. Die Kinder entdecken den nahegelegenen riesigen Spielplatz mit Streichelzoo, E-Tennis und Bikepark. Erneut ein Campingplatz, wo keine Schiffe, Bahnen oder Autos fahren, und wir ohne Lärm schlafen können.

Dienstag 24. April Rülzheim – Munchhausen 42 km
Heute fahren wir zunächst durch einige Dörfer, dann Richtung Rhein und passieren die Grenze zu Frankreich. Seit gestern Abend haben wir ein neues Problem mit unserem Zelt. Nachdem vor einigen Tagen eine Stange gebrochen ist, ist jetzt noch ein Riss im Außenzelt dazugekommen. Da Lidl just in dieser Woche Zelte im Angebot hat, halten wir vor der Grenze an einer Filiale an, auch um unseren Lebensmittelbedarf wieder aufzufrischen. Leider waren hier schon alle Zelte ausverkauft (in Philippsburg haben wir uns gegen den Kauf

entschieden, da gab es noch zwei, da hatten wir das Problem mit der gebrochenen Stange jedoch gerade gelöst). An der Grenze zu Frankreich ist eine Informationstafel zum Rheinradweg, die Beschilderung und Symbole wechseln, viel mehr Änderungen sind es zunächst nicht. Maxi ruft am Campingplatz an, meldet sich auf Französisch. Es kostet ihn einige Überwindung, aber er hat es super gemeistert. Wir werden von dem Ehepaar sehr freundlich empfangen. Sie zeigen uns einen Schwan, der in einem riesigen Schwanennest brütet. Auf dem Spielplatz werden unsere Kinder gefragt, woher sie kommen. Wir fühlen uns hier sehr wohl.

Mittwoch 25. April Munchhausen – Greffern 26 km

Nach wenigen Kilometern erreichen wir den Rheinübergang in Seltz. Hier fährt eine Seilfähre, die nur von der Flussströmung und solarbetriebenem Elektroantrieb bewegt wird. Darüber hinaus ist sie gebührenfrei. Anschließend geht es weiter den Rhein entlang. Wir pausieren an der Staustufe Ifezheim und beobachten, wie die großen Schiffe bergan und bergab 15 m gehoben bzw. gesenkt werden. Melanie hatte ihren ersten Hungerast und ist froh über die Pause. Es weht ein kräftiger Wind von vorn. Um besser voran zu kommen, fahren wir hinter dem Schutzdeich und erreichen Rheinmünster gegen Nachmittag. Es handelt sich um einen 5 Sterne Campingplatz. In den Sanitärgebäuden fühlen wir uns wie in einem Hotel. Unser Zelt können wir heute jedoch nicht aufbauen, der Wind ist zu stark (in Böen bis 60 km/h), zusätzlich ist Regen für die Nacht angesagt. Außerdem ist ja noch der Riss da und die Mittelstange bei Sturm etwas kurz. Das ist sehr ungünstig bei diesen Verhältnissen. Maxi und ich fahren also zum 5 km entfernten Lidl und schauen, ob es noch ein Zelt gibt. Nach unserer gestrigen Erfahrung bin ich skeptisch. Vorort im Laden können wir dann sogar noch die Farbe auswählen, es sind noch sechs Zelte im Angebot! Zurück auf dem Campingplatz ist die Freude groß, das neue Domizil wird von den Kindern schnell aufgebaut. Es kommt eine starke Böe, das Zelt hält, wir sind begeistert. Ernüchterung kommt jedoch auf, als es darum geht, die Luftmatratzen unterzubringen. Nach einigem Probieren bekommen wir alle Matratzen hinein, liegen jedoch jetzt Schulter an Schulter. Die Nacht bricht an und es fängt an zu regnen. Die Kinder schlafen schon, mir ist es jedoch viel zu eng. Hinzu kommt, dass meine Matratze sich heute so weich anfühlt. Ich pumpe Luft nach, doch nach einer halben Stunde ist sie wieder schlapp. Alles klar, da ist ein Loch in der Matte. Ich setze meine Stirnlampe auf und suche das Flickzeug der Thermarest Matten in meiner vorderen Satteltasche. Dann mache ich mich auf zum Bad, pumpe die Matte auf, setze mich darauf, um den Druck zu erhöhen und lausche. Ich höre jedoch nur einen Badlüfter und frage mich, warum dieser mitten in der Nacht aktiv ist. Mit meinem Gehör werde ich hier kein Loch orten können. Da bleibt dann nur die Sichtprüfung, denn ein Wasserbad in Luftmatratzengröße ist hier auch nicht realisierbar. Also schaue ich mir die Matte jetzt ganz genau an, jede Fläche, jede Falte und die Ränder. Hier entdecke ich eine winzige Unregelmäßigkeit. Ich mache ein wenig Spucke drauf, es kommen kleine Blasen, das Loch ist gefunden! Jetzt kommt der zweite Teil. Wie flickt man eigentlich so eine Matte? Also erst einmal die Anleitung lesen und verstehen, dann die Stelle mit dem Alkohol-Tupfer säubern, den Gluedot auflegen und anpressen, dann das Tape aufbringen und Luftblasen zur Seite entfernen, fertig. Stolz kehre ich mit der Matte zurück zum Zelt, es ist schon Mitternacht. Melanie wacht auf und ich erkläre kurz was los war. Wir tauschen die Matten, da ich neben Michel nicht schlafen konnte. Aber auch jetzt ist es aus meiner Sicht immer noch zu eng im Zelt. Nach ca. einer halben Stunde höre ich, wie Melanie ihre Matte aufpumpt. Der Flicken hält nicht oder es gibt weitere Löcher... Melanie schläft auf dem harten Boden, um meinen Rücken zu schonen und ich versuche auch, noch ein wenig in der Enge zu schlafen.

Donnerstag 26. April Greffern - Kehl 39 km

Am Morgen ist es bewölkt und windig, wir sitzen vor unserem neuen Zelt. So richtig erholt sind Melanie und ich nicht. Wir wünschen uns unseren Palast (2 x 2,60 m mit Stehhöhe) zurück. Die Kinder finden das neue Zelt super! An ein ausgedehntes Frühstück ist unter diesen Umständen nicht zu denken. Es wird schnell kalt. Da hilft nur eins: Sachen packen und in Bewegung kommen. So sitzen wir schon relativ früh wieder im Sattel und machen eine erste Pause nach ca. 10 km. Die Sonne kommt durch, wir sitzen auf einer Wiese am Wegesrand im Windschatten, jetzt wird es angenehm warm. Wir fahren heute sowohl am Rhein entlang, als auch über Feldwege und ein Stückchen entlang der Hauptstraße. Am späten Nachmittag treffen wir in Kehl ein und kaufen in der schönen und übersichtlichen Stadt ein. Maxi und Mathis kochen Nudeln, während wir das kleine Zelt erneut aufschlagen. Die Kinder hatten die Idee, Michels Matte quer zu den anderen Matten zu legen. Die defekte Luftmatratze wird noch geflickt, wir sind gespannt ob wir heute Nacht besser schlafen werden.

Freitag 27. April Kehl/Straßburg

Wir wachen bei Sonnenschein und Windstille auf. Unser Zelt tropft und zwar von innen. Unsere Ausatemluft kondensiert an der Innenseite der Außenhaut und tropft dann auf uns (Gesicht/Schlafsack) herunter. Das Zelt ist einfach nicht für 5 Personen geeignet, so richtig gut schlafen konnten wir Erwachsenen auch nicht. Heute ist unser Hochzeitstag. Es gibt Blumen von den Jungs. Wir bleiben in Kehl und fahren mit dem Fahrrad nach

Straßburg herüber. Von weitem schon ist die Kathedrale Notre Dame zu sehen. So ein riesiges Gebäude haben wir auf der bisherigen Tour noch nicht besichtigt. Der Eindruck ist innen wie außen überwältigend. Überhaupt sind in Straßburg sehr viele Touristen unterwegs. Die Altstadt vermittelt am heutigen Tag südliches Flair und es gibt ein richtiges Fahrradwegenetz. Trotzdem sind wir dann doch froh, wieder in das überschaubare Kehl zurückgekehrt zu sein. Der Campingplatz befindet sich direkt neben einer schönen Parkanlage, auf der vor einigen Jahren eine Gartenschau ausgetragen wurde. Für die Kinder hat man hier einen großen Spielplatz mit Wasserspielen angelegt. Es gibt einen wohl einzigartigen Turm aus Weißtannenstämmen konstruiert. Auf der 35 m hohen Plattform hat man einen hervorragenden Ausblick auch in das benachbarte Frankreich. Aufgrund der Holzkonstruktion schwankt die Aussichtsplattform jedoch extrem. Am Abend bauen wir wieder unser altes Zelt auf. Aus dem Sack für die Aufbewahrung der Heringe haben wir zwei Flicken zugeschnitten und von oben und unten auf den Riss geklebt, mit dem guten alten Pattex. Das war eine Empfehlung unserer Zeltnachbarn und hat sich sehr bewährt. Der Flicken hält immer noch.

Kehl bis Basel

Samstag 28. April Kehl - Rhinau 42 km

Morgens verlassen wir Kehl und fahren immer den Rhein entlang. Die Bewölkung nimmt zu und es fängt an zu regnen, jedoch nur kurz. Unsere Regenhosen und Jacken haben wir eigentlich noch so recht gar nicht benötigt. Das hätten wir so nicht erwartet. Das Wetter geht schnell wieder auf Sonnenschein über. Ein Fahrradwanderer in Kehl hatte uns schon vorgewarnt, dass auf der Strecke einige Baustellen und Umleitungen zu erwarten sind. Insbesondere sei ein Umweg von mehreren km um ein Kieswerk einzuplanen. Auf unserer Fahrradkarte ist die Durchfahrt zwar als regulärer Weg vorgesehen, die Schilder vor Ort weisen jedoch auf ein Durchfahrverbot hin. Wir sehen uns die Karte noch einmal genau an und denken eine Möglichkeit gefunden zu haben, das Kieswerk zu umfahren, ohne gleich mehrere Zusatzkilometer fahren zu müssen, denn wir sind ein wenig in Eile. Der französische Campingplatzbesitzer hatte nämlich gesagt, er sei nur bis 16 Uhr da. Also fahren wir in einen Wald Richtung See an einer Badestelle vorbei und gelangen zu einem zweiten See. Dahinter müsste der Fahrradweg weiterführen. Da sehen wir das Problem. Wir müssen doch ein paar wenige Meter über das Betriebsgelände des Kieswerks. Was sollen wir tun? Mathis und ich fahren voraus und schauen. Es ist ja Samstag, da wird hier ja gar nicht gearbeitet, denke ich. Hinter einer Gabelung sehe ich zwei weitere Fahrradfahrer mit Satteltaschen umherirren. Alles klar, ich gebe den anderen ein Zeichen uns zu folgen. Melanie hatte derweil ein wenig genauer hin geschaut und neben meinen Fahrradspuren Fußabdrücke von Stiefeln erkannt, ganz frisch. Hier sind also doch Arbeiter oder ein Wachdienst unterwegs? Wir fahren noch wenige Meter, da kommt ja schon der Radweg. Leider stehen zwischen uns und dem Radweg noch ein Zaun und ein Tor, das mit einer Kette und einem Schloss verriegelt ist. Wenige Meter neben dem Tor ist eine Möglichkeit durchzukommen, jedoch nur ohne Gepäck und mit viel Mühe. Michel und ich probieren diese Möglichkeit aus, als wir plötzlich Motorengeräusch von Baufahrzeugen von hinten hören. Wahrscheinlich ein Arbeiter, der kurz Pause machte und jetzt mit seiner Kettenraupe direkt auf uns zukommt. Melanie, Maxi und Mathis nehmen die Gepäcktaschen von den Rädern, werfen sie über den Zaun, reichen dann die Fahrräder rüber und sputen sich, das Gelände zu verlassen. Der Raupenfahrer ist indessen abgebogen, er hat uns wahrscheinlich doch nicht bemerkt. Trotzdem sehen wir zu, dass wir wieder aufsatteln und uns von dem Zaun entfernen. Eine richtige Entscheidung, denn kurze Zeit später kommt ein PKW von der anderen Seite an das Tor gefahren. Wir fahren schon weiter auf dem Radweg nach Rhinau und da kommt jetzt die nächste Baustelle. Wieder ein Zaun und die Frage, ob wir das überhaupt noch bis 16 Uhr schaffen. Wir nehmen die Umleitung, wollen nicht noch einmal über Zäune gehen. Diesmal begegnen wir Ortskundigen, die uns eine Abkürzung zeigen. Ein Ehepaar mit Elektrorädern fährt ein Stück mit uns und bringt uns wieder auf den richtigen Weg, so dass wir noch pünktlich in Rhinau ankommen. Wir hätten jedoch auch noch später eintreffen können, denn Andere hatten jetzt Dienst.

Sonntag 29. April Rhinau

Wir machen einen Tag Pause. Michel schwimmt (mit Schwimmweste) im Badesee bis zur Badeinsel. Seine Brüder begleiten ihn und sprechen ihm Mut zu. Maxi und Mathis drehen kleine Videosequenzen für Maxis geplante 8-Klassarbeit. Für die Nacht ist starker Wind angesagt. Wir versetzen das Zelt noch einmal, in der Hoffnung dann in Ruhe schlafen zu können.

Montag 30. April Rhinau - Neu Breisach

Die Rechnung mit dem ruhigen Schlaf ging zumindest für uns Erwachsene wieder nicht auf. Kurz vor Mitternacht setzen die ersten Böen ein und zwar aus Südwest und nicht aus Süd, wie gemeldet. Unser Zelt schwankt bedrohlich. Eine Markise kracht von einem benachbarten Wohnwagen herunter. Melanie und ich bereiten die Evakuierung des Zeltes vor. Die Kinder schlafen noch. Aber wohin? Ein paar Meter weiter hinter einem Gebäude würden wir gut stehen, jedoch nur, wenn die Windrichtung bleibt und nicht, wie gemeldet, dreht und dann aus Süd kommt. Wir nehmen erst einmal die Plane ab und warten noch einmal ab. Plötzlich fängt es stark an zu regnen, also machen wir die Plane wieder drauf und warten weiter ab. Und tatsächlich, der Wind dreht und wir können irgendwann weit nach Mitternacht beruhigt in den Schlaf finden. Am Morgen ist es immer noch sehr windig und wir bekommen den Wind direkt von vorn. Wir fahren heute überwiegend auf Straßen ohne Radweg, fahren hintereinander, den Windschatten des Vordermannes ausnutzend. Der Wind geht im Verlauf des Tages bis hoch auf 6 Beaufort. Trotzdem schaffen wir heute an die 50 km, eine super Leistung. Voran waren meist Maxi und Mathis.

Dienstag 1. Mai Neu Breisach/Colmar

Es ist 9:15 Uhr, wir stehen an der Bushaltestelle der Innenstadt und warten auf den Bus nach Colmar. Es kommt kein Bus. Gegen 9:40 Uhr beschließen wir, zunächst einen Rundgang um die dreifach achteckige Wehranlage der Stadt zu unternehmen. Danach schauen wir noch im Museum vorbei, in dem ein Modell der Stadt zu sehen ist. Von oben betrachtet sieht die Stadt wie ein riesiger Stern aus, mit innen um den quadratischen Marktplatz symmetrisch angeordneten Straßen und Häusern. Gegen 11:15 Uhr soll der nächste Bus kommen, auch dieser kommt nicht, vielleicht aufgrund des 1. Mai Festes in der Innenstadt? Aus unserem Ausflug scheint heute nichts zu werden. Die Abhängigkeit von diesem Bus wollen wir jedoch so recht nicht annehmen. Wir suchen die Ausfallstraße nach Colmar und stellen uns an den Kreisel. Michel hält einen Flyer mit 'Colmar' gut sichtbar für die Autofahrer hin, ich halte den Daumen raus. Trotz des Feiertages fahren hier viele Autos lang. Die meisten Fahrer ignorieren uns, auch wenn sie teilweise reichlich freie Sitzplätze haben. Ein Motorradfahrer winkt uns freundlich zu. Einen freien Platz hätte er gehabt. Wir schauen auf die Uhr, noch 10 Minuten wollen wir es versuchen. Dann fährt ein VW Bulli mit deutschem Kennzeichen an uns vorbei, hält aber wenige Meter hinter der Kreiselausfahrt. Ein Ehepaar aus der Nähe von Düsseldorf nimmt uns mit. Michel muss sich ducken, es ist nur für 4 Personen Platz auf der Rückbank. Wir sind guter Laune und fahren jetzt nach Colmar. Unterwegs sehen wir sehr viele Leute, die Maiglöckchen verkaufen, das scheint hier ein guter Brauch zu sein. In Colmar angekommen bemerken wir, dass mein Telefon fehlt. Das letzte Mal hat Mathis es gesehen, als er am Kreisel nach der Uhrzeit geschaut hat. Wahrscheinlich, so denken wir, ist das Telefon dort ins Gras gefallen. Auf dem Rückweg wollen wir dort wieder lang, um es zu suchen. Jetzt gehen wir erst einmal in das Museum, den Isenheimer Altar besichtigen, dieses hat jedoch entgegen unseren Informationen geschlossen. Na prima, dann hätten wir ja heute gar nicht herkommen brauchen und das Handy vielleicht nicht verloren.

Der Bus zurück fährt erst in über drei Stunden, wenn er denn überhaupt fährt bei unserem heutigen Glück. Nach einem Stadtrundgang mit Besichtigung von Klein-Venedig machen wir uns auf den Weg zum Bahnhof. Es ist wieder Warten angesagt, doch dann kommt tatsächlich ein Bus und es geht zurück. Das Handy finden wir trotz intensiver Suche nicht mehr, leider. Dafür haben wir Besuch von

Simone und Peter (Melanies Studienfreundin mit ihrem Mann) aus Freiburg bekommen. Die beiden sind mit dem Fahrrad unterwegs. Ich bin gedanklich jedoch mehr mit meinem Telefon beschäftigt. Das Gerät ist eigentlich schon abgeschrieben, auf der Speicherkarte befinden sich jedoch all meine Fotos, seit Beginn unserer Fahrt! Ich rufe die Servicehotline an, um einen Ortungsversuch des Telefons zu veranlassen, doch heute ist Feiertag und da ist nur eine freundliche Computerstimme zu hören, die mir nicht weiterhelfen kann. Wir kaufen einen Maiglöckchenstrauß für Simone, da sie vor ein paar Tagen (an unserem Hochzeitstag) geheiratet hat.

Mittwoch 2. Mai Neu Breisach/Colmar

Wir stehen wieder an der Bushaltestelle von gestern. Es ist 10:15 Uhr und der Bus wieder nicht dort. Nach den gestrigen Ereignissen bin ich gereizt und schlage vor, den Ausflug abzubrechen, die Sachen zu packen und weiterzuziehen. Ok, 10 Minuten warten wir noch und tatsächlich, der Bus kommt buchstäblich in der letzten Minute um die Ecke. Ein neuer Busfahrer wird eingewiesen, da dauert alles ein wenig länger. In Colmar besuchen wir das Museum Unter Linden, ein umgebautes ehemaliges Kloster. Hier ist der berühmte Altar von Grünewald, der ursprünglich im 20 km entfernten Isenheim seinen Platz hatte, ausgestellt. Und zwar so, dass das Gesamtwerk (man stelle sich eine Schultafel mit mehreren Seitentafeln, die zusammen und aufgeklappt werden können vor) auseinander gebaut und in einzelnen Bildgruppen präsentiert wird. Wir Erwachsenen haben Audioguides bekommen, für die Kinder gibt es Tablets mit Bildern und Ton. Es befinden sich Bänke vor den Bildern, so dass wir uns setzen können und ein wenig nachempfinden können, welche Stimmung und Wirkung diese ausstrahlen. Besondere Wirkung hatte/hat die Kreuzigungsszene, die heilsame Wirkung auf Kranke ausübte, die in

Isenheim gepflegt wurden. Auch die anderen Bilder hinterlassen Wirkungen, wenn man sich darauf einzulassen vermag. Beim anschließenden Rückweg treffen wir auf ein Celloensemble in der Fußgängerzone, ein musikalischer Genuss.

Donnerstag 3. Mai Neu Breisach - Bad Bellingen 50 km

Wir verlassen den schönen Campingplatz, nehmen Abschied von Simone und Peter, die gen Norden wollen und fahren entlang der Nationalstraße zum Rhein, um bei Breisach wieder auf die deutsche Seite zu kommen. Wir sehen Informationstafeln, dort wird der Beruf des Rheinschiffers und des Schleusenwärters beworben. Unsere Kinder sind eher nicht daran interessiert, sie wollen weiter. Heute läuft es besonders gut. Der Wind weht aus Nord und der Uferweg hat einen festen Untergrund. Wir 'fressen' Kilometer. Unseren Zielplatz haben wir schon am frühen Nachmittag erreicht, doch vor allem die Kinder möchten noch einen 'Nachschlag'. Noch weitere 15 km weiter bis Bad Bellingen. Eine Frau in Mainz hatte uns diesen Platz empfohlen. Von dort aus könne man mit der Kurkarte die Bahnen nach Basel und Umgebung benutzen. Der einzige Nachteil ist, dass der Platz oben auf einem Berg liegt, also sind wieder extra Höhenmeter zu bewältigen. Wir finden eine Abkürzung und schieben die Räder durch einen engen Tunnel unter den Bahngleisen entlang und nehmen dann einen steilen Anstieg mit Treppen. Nach einem weiteren Anstieg erreichen wir unser Ziel mit herrlichem Ausblick auf die Vogesen.

Freitag 4. Mai Bad Bellingen/Basel/Weil am Rhein/Lörrach

Mit dem Fahrrad genießen wir morgens die rasante Abfahrt hinunter zum nahen Bahnhof und fahren von dort mit der Regionalbahn nach Basel. Vom Badischen Bahnhof nehmen wir die Straßenbahn zur

Altstadt. Vom Vorplatz des dortigen Münsters haben wir eine gute Sicht auf den Rhein und eine Stromfähre für Touristen. Einen kurzen Blick werfen wir in das Naturkundemuseum und fahren dann mit der Bahn in das nahe Weil am Rhein. Hier sind wir wieder auf deutschem Terrain und können zu gewohnten Preisen einkaufen. Michel und Mathis möchten auf dem Campingplatz Pony reiten und Melanie hat noch ein paar Waschmaschinen Wäsche zu waschen und trocknen. Maxi und ich fahren weiter nach Lörrach. Hier treffen wir sehr nette und hilfsbereite Leute an, so dass ich in kürzester Zeit eine Ersatz-Simkarte und ein neues Telefon in den Händen halte. Meine Fotos sind natürlich weiterhin verloren, jetzt kann ich aber wieder neue knipsen und zwar in viel besserer Qualität. Wir sehen ein Bergsportgeschäft und kommen mit dem Verkäufer ins Gespräch. Er berichtet, dass in den Bergen noch Schnee liegt, der Splügenpass jedoch frei sei, so dass wir unsere geplante Route über die Alpen nehmen können.

Basel bis Kreuzlingen am Bodensee

Samstag 5. Mai Bad Bellingen - Kaiseraugst 36 km

Bei sommerlichen Temperaturen starten wir unsere nächste Etappe. Ein älterer Herr vom Campingplatz erklärt uns die Route hinab zum Rhein und wie es dann weiter durch Basel geht. Er meint, man solle bedenken, dass das Essen in der Schweiz nicht so üppig sei wie in Bad Bellingen und darüber hinaus doppelt so teuer, dafür müsse man aber nur halb so viel schlucken. Wir müssen gestehen, dass wir bislang immer selbst gekocht haben, abgesehen von einem Stück Pizza im Supermarkt in Lahnstein. Den Aspekt der örtlichen kulinarischen Köstlichkeiten haben wir zumindest bislang nicht berücksichtigt. In den meisten Fällen kochen wir, wenn wir unser Tagesziel erreichen. Mit den beiden Spirituskochern können wir schnell Wasser zum Kochen bringen und Reis, Nudeln, CousCous, Quinoa, Polenta, Kartoffelbrei, in kürzester Zeit zubereiten. Häufig haben wir auch Kartoffeln gekocht. Eine Büchse Fisch dazu und der größte Hunger ist gestillt. Die Geduld für ein Restaurant haben wir bisher nicht aufgebracht. Nach ca. 15 km machen wir heute die erste Pause mit Brot, Brötchen und Müsli. Einige km weiter sind wir schon an der Dreiländerbrücke bei Basel. Wir gehen zunächst einmal hinüber nach Frankreich, dann wieder zurück zu unseren Rädern. Dort gibt es noch auf der deutschen Seite eine recht große Einkaufs-Galerie mit vielen verschiedenen Geschäften. Viele Schweizer kaufen hier ein. Es entsteht der Eindruck, dass es sich um eine Art Abverkauf handelt. Ein junger Mann kauft 20x Duschgel und 20x Deo, alles die gleiche Sorte. Ein junges Pärchen stapelt vor mir das Laufband mit Lebensmitteln voll. Für 174 Euro bekommen sie einen Wagen mehr als randvoll. Ein anderes Paar schiebt gleich zwei solche Wagen aus dem Laden heraus, hier wird richtig Umsatz gemacht. Trotz riesiger Mengen in den extrem langen Regalreihen, habe ich den Eindruck, dass das schnell verkauft ist. Ich frage mich, ob man bei diesen Mengen das Einkaufen anders organisieren sollte. Vielleicht so wie im Baustoffhandel. Zuerst Artikel und Menge angeben, bezahlen und dann mit dem Auto direkt ins Lager und beladen werden. Meine Familien-Verpflegungs-Satteltasche ist heute jedenfalls auch übervoll, das Fahrrad zieht merklich nach rechts. Morgen haben die Geschäfte jedoch geschlossen und Radeln macht hungrig. Bereits am Montag früh ist es dann umgekehrt. Die Tasche ist leer, das Fahrrad zieht nach links, ein Supermarkt muss angesteuert werden. Die letzte Etappe führt heute durch die Innenstadt Basels weiter bis nach Deutschland und dann über ein Wasserkraftwerk wieder über den Rhein zurück in die Schweiz. Unser Platz liegt direkt an dem Rhein Stausee vor dem Kraftwerk. Auf dem See wird Wassersport getrieben. Berufsschifffahrt findet hier nicht statt. Ein Freibad befindet sich auch auf dem Gelände, kann jedoch leider noch nicht genutzt werden, das Wasser wird noch eingefüllt. Michel spielt trotzdem am Becken, während die älteren Geschwister Outdoor-Schach spielen. Trotz des schönen Wetters sind hier die Freibäder alle noch geschlossen.

Sonntag 6. Mai Kaiseraugst - Murg 32 km

Auf dem angrenzenden Freibadgelände gibt es eine Sitzgelegenheit mit Bänken und Tisch. Es ist schön dort zu sitzen und das Frühstück in der wärmenden Sonne zu genießen. Das heiße Wasser für den Kaffee bzw. Tee erhitzen wir jetzt mit dem Spirituskocher. Den elektrischen Wasserkocher haben wir bereits vor einiger Zeit wieder zurück nach Hildesheim geschickt. Jetzt benötigen wir abends kein heißes Wasser mehr für warme Flaschen, die den Schlafsack anwärmen. Auf den Schweizer Radwegen rollen unsere Räder schnell und gut. Wir überqueren den Fluss wieder hinüber auf die deutsche Seite und machen eine erste kleine Pause an einer Badestelle. Dann geht es weiter. Nach einiger Zeit führt uns der Radweg ein wenig abseits vom Rhein und wir kommen an einer Höhle (Thomahöhle) vorbei, die wir spontan besichtigen wollen. Ein kleiner Wanderweg führt uns zur Höhle, dann ist jedoch Ende. Heute ist keine Führung, da die Öffnung erst im Juni ist. Schade! Also gehen wir wieder zurück und machen eine Mittagspause. Es ist schon 14 Uhr und wir haben noch nicht einmal die halbe Strecke geschafft. Heute kommen wir nicht so recht vorwärts, die Kilometer ziehen sich wie Kaugummi, Gegenwind kommt uns in Böen entgegen. Wir fahren an einem Campingplatz entlang. Michel fragt wie so häufig, ob und warum wir denn hier nicht bleiben können. Ja, in diesem Alter lebt es sich noch unbeschwert im hier und jetzt. Keine Ziele, die am Ende des Tages erreicht werden wollen/müssen, um im Plan zu bleiben oder die nächsten Meilensteine zu erreichen. Wer diese Haltung auch im erwachsenen Alter einnehmen kann, hat einfach mehr Lebensqualität, denke ich. Trotzdem halten wir heute erst in Murg, einer Kanustation mit Naturzeltplatz, welchen uns Simone und Peter empfohlen haben. Der Besitzer hat hier sein Hobby zum Beruf gemacht. In den Sommermonaten organisiert er Kanutouren auf dem Rhein. Im Winter "schafft" er als Heilerziehungspfleger in einem Kinderheim. Am Platz gibt es ein Café. Diesmal gehen wir auf Michels Idee ein und bestellen uns einen Eisbecher. In der Nacht ist es sternenklar. Mathis und Maxi übernachten im Freien direkt vor unserem Zelt. Eine große Weide tropft über ihnen.

Montag 7. Mai Murg - Hohentengen 45 km

Mathis ist heute vom ersten Sonnenstrahl geweckt worden. Zusammen mit Maxi haben beide unter dem sternenklaren Himmel genächtigt. Die Wiese und die Schlafsäcke sind noch bedeckt vom Morgentau. Doch schon nach dem Frühstück ist unsere Ausrüstung von der Sonne getrocknet. Los geht's mit ein paar wenigen Höhenmetern. Auch im weiteren Verlauf zweigt der Radweg immer wieder vom Rheinufer ab, es wird hügelig. Eine erste Pause machen wir in Waldshut Tiegen mit Aussicht auf das gegenüberliegende Schweizer Atomkraftwerk. Weiter geht es dann zunächst am Rhein und bald wieder über Felder und Wiesen. Gegen Mittag wollen wir in einem kleinen Dorfladen das Nötigste für eine kleine Mahlzeit kaufen. Leider gibt es hier gerade eine Mittagspause, also vertilgen wir unsere letzten Vorräte: Haferflocken mit Wasser, ein wenig Kakao, einen Apfel und den Rest Käse. Dann geht es auf die letzte Etappe. Wir fahren entlang der Hauptstraße und bergan, es geht ja nach HOHEN Tengen. Wenige Kilometer vor unserem Ziel sehen wir regelmäßig Verkehrsflugzeuge im Landeanflug. Wir befinden uns in der Einflugschneise des Flughafens Zürich. Die Temperaturen sind seit Mittag richtig angestiegen und die ganze Familie dürstet nach Flüssigkeit. So halten wir noch kurz vor dem Campingplatz an einem kleinen Edeka Geschäft an und kaufen zunächst einmal Getränke. Im Nachgang kaufen wir Vorräte ein und nehmen die steile Abfahrt hinunter zum Campingplatz. Dort kühlen wir unsere Füße im Rhein, da auch hier das Freibad erst Mitte Mai öffnet. An einer Sitzgruppe kochen und essen wir, dabei können wir die Flugzeuge, die im 10 Minuten Takt einfliegen, beobachten. Gegen 20:00 Uhr kommt der A380, das größte Passagierflugzeug weltweit, hereingeflogen, ja man könnte auch denken, dass es in der Luft steht. Erkennungsmerkmal sind die vier Triebwerke, die jedoch nicht mehr Lärm erzeugen, als so mancher kleinerer Flieger älterer Bauart. Wir lesen in großen Lettern „Fly Emirates" am Rumpf geschrieben. Nach 20:00 Uhr ist es merklich ruhiger, Nachtflugverbot, was jedoch nicht für alle Flieger gilt. Jetzt hören wir nur noch das Rauschen des Baches, der neben der Zeltwiese entlang fließt.

Dienstag 8. Mai Hohentengen - Rheinfall Schloss Laufen 36 km
Wir fahren zunächst wieder in den Ort steil hinauf zum Einkauf für die heutige Nahrungsaufnahme. Wir sehen ein Schild, worauf **25 km** Schaffhausen steht. Frank will aber unbedingt auf die Schweizer Seite, weil diese angeblich nicht so hügelig sei. Über den Rhein führt eine Brücke an ein Wasserkraftwerk. Hier hört die Beschilderung auf und wir suchen 30 Minuten den Weg. Als wir ihn gefunden haben, geht es auf und ab. An einer Anlegestelle pausieren wir. Es ist sehr heiß und wir brauchen fast unser gesamtes Wasser auf. Dann kommt der Anstieg mit 400 Hm auf 2 km. Mathis und Maxi sind schnell oben und kühlen sich schon Kopf und Beine im Brunnen. Gut, dass es Trinkwasser ist und wir unsere Vorräte wieder auffüllen können. Oben steht ein Schild: noch **25 km** bis Schaffhausen. Wir sind schon ganz schön kaputt und weiter geht es bergauf. Mathis und ich sind ganz schön frustriert. Michel macht bergauf nicht so viel aus und Maxi hat sogar Spaß, er will km fressen und Höhenmeter sammeln. Dies ist ihm heute wahrlich gelungen. Leider hat immer noch kein Freibad geöffnet und da es so heiß ist, halten wir am Straßenrand und stellen uns unter

den Feld-Wasser-Sprenger. Das ist eine schöne Abkühlung. Parallel zur Hauptstraße führt der Radweg entlang, also fahren wir nochmal bergab den Schotterweg entlang, um am Ende wieder hinauf auf die Hauptstraße zu fahren. Andere Radler blieben gleich oben auf der Straße. Um 16 Uhr sind wir am Rheinfall. Da für die nächsten Nächte Sturm und 3fach Regen (3 Tropfen auf dem Vorhersagesymbol) gemeldet ist, haben wir für die Nacht Betten in einer Jugendherberge reserviert. Die JH liegt genau am Rheinfall, sie gehört zum Schloss Laufen. Mit einem weiteren Mann sind wir die einzigen Gäste. Abends gehen wir mit unserem Ticket durch das Drehkreuz zum Rheinfall linksrheinisch hinunter, es ist spektakulär und laut. In der JH sind alte, helle, ca. 50 cm breite und 4 m lange Dielen als Fußboden. Oben ist ein Aufenthaltsraum, dort gibt es Spiele und einen Autoteppich, was Michel sehr erfreut. Er holt gleich seine Autos, die er in einem Beutel mitschleppt und geht vertieft im Spielen auf.

Mittwoch 9. Mai Rheinfall - Schaffhausen 10 km

Bei bestem Wetter satteln wir nach dem Frühstück die Räder und fahren auf die andere Seite des Rheins. Zunächst folgen wir einem Wanderweg, was keine gute Idee ist, da der Weg sehr schmal ist, links geht es steil hinauf und rechts steil hinunter. Michel verliert das Gleichgewicht, da der Weg zusätzlich sehr unwegsam ist. Er kann aber zum Glück noch abspringen. Das Rad kippt um und bleibt in der Böschung hängen. Wir sehen ein, dass dieser Weg nichts für Fahrräder ist und schieben zurück. Auch von der rechtsseitigen Rheinseite ist der Wasserfall ein Erlebnis. 14ooo-17ooo Jahre soll er alt sein, 23 m hoch und 150 m breit, 600 m³ /sec Wasser fallen im Sommer in das 13 m tiefe Becken. Maxi, Mathis und Frank fahren mit einem kleinen Boot zu dem im Rhein stehenden Felsen. Michel und ich betrachten riesige Fische und üben die 2er und 3er -Reihe des kleinen

1x1. An einem alten Mühlrad geht es vorbei. Schon seit dem elften Jahrhundert wurde hier die Wasserkraft genutzt, bis das Holzrad 1864 durch eine Turbine ersetzt wurde. Wir fahren noch ein paar km den Rhein entlang, bis zum Campingplatz. Auch hier sind das Freibad und leider auch der Spielplatz geschlossen. Abends fällt uns ein, dass der nächste Tag ein Feiertag ist und wir müssen nochmals in den Laden, Überlebenswichtiges einkaufen. Es wird kalt und fängt an zu gewittern und zu regnen.

Donnerstag 10. Mai Himmelfahrt Schaffhausen - Gaienhofen
30 km

Morgens bauen wir schnell das Zelt ab, bevor es losregnet. Wir frühstücken unter der Überdachung und lassen uns von einem Schweizer Familienvater noch die besten Campingplätze auf unserer Route erzählen. Er war mit seiner Frau schon in Amerika, Neuseeland und vielen anderen Ländern zum Radfahren, bevor die 5 Kinder geboren wurden. Die Kinder haben auch alle schon eine Profiradausrüstung, sogar das jüngste mit 4 Jahren (da können wir nicht mithalten, wir sind einfach mit unseren „normalen" Rädern losgefahren). Wir überlegen, bei dem Regen zurück zur JH zu fahren und rufen dort an, aber leider ist alles belegt heute Nacht. Das können wir gar nicht glauben, nachdem wir gestern die einzigen waren. Also geht es im Regen erst mal los. Wohin wissen wir heute zum ersten Mal nicht so genau. Der Regen lässt bald etwas nach und wir können wenigstens die Regenhosen wieder ausziehen. In Wagenhofen ist der nächste Campingplatz. In einer Regenpause essen wir dort Brot zu Mittag und entscheiden uns für eine Weiterfahrt, da es kalt und nass ist und wir die Zeit lieber zum Fahren nutzen wollen. Also geht es weiter. Eine Pause machen wir in dem idyllischen Städtchen Stein am Rhein, am Übergang vom Bodensee in den Rhein. Hier hat ein Fahrradladen geöffnet, in dem wir Tee und Kakao mit Musik aus einer alten Musikbox genießen können. Kaum haben wir die Fahrt wieder aufgenommen, verliert mein Hinterrad die Luft. Noch ein paarmal gepumpt, noch 4 km geschafft, bis es nicht mehr weiter geht und der Reifen platt ist und bleibt. Wir sind genau bis zu einem Pfahlbauten-Museum gekommen. Ich schaue mit den Kindern die Pfahlbauten an und alte Werkzeuge und Funde vom Bodensee, während Frank netterweise mein Rad repariert. Nach weiteren 5 km kommen wir an dem Campingplatz in Gaienhofen an. Hier ist noch ein fester Wohnwagen direkt am Bodensee für eine Nacht frei für den wir uns entscheiden, da wir durchgefroren und nass sind, um uns aufzuwärmen und die Sachen trocknen zu können.

Freitag 11. Mai Gaienhofen - Kreuzlingen 20 km

Die Sonne weckt uns morgens in unserem Wohnwagen auf und wir frühstücken in der komfortablen Sitzgruppe vor dem Vorzelt. Wir haben hier direkten Blick auf den Bodensee. Wir sind jedoch nicht die ersten, die heute frühstücken. Einige Familien mit noch kleinen Kindern verbringen das lange Wochenende hier auf dem Platz. Es wird mir bewusst, eine solche Tour hätten wir in den letzten Jahren nicht machen können, jedenfalls nicht in diesem Umfang. Irgendwie fühlt es sich gut an, dass jedes unserer Kinder schon überaus selbständig ist und seine Sachen zusammenhalten kann, sicher mit Gepäck Fahrrad fahren, das Zelt, die Matten, den Schlafsack herrichten und wieder verstauen kann. Ich bin dankbar, dass die Drei sich noch nie beklagt haben, nicht über schlechtes Wetter, nicht bei Minusgraden an der Weser, wo wir draußen auf unseren Stühlen hockten und warmen Tee nippten, nicht bei Gegenwind und Regenschauern an der Lahn, nicht bei morgendlichen Schneeschauern im Fuldatal.

Ehrlich gesagt musste ich mich selbst so manches Mal zusammenreißen, gerade morgens nach dem Aufstehen, wenn es noch kalt und feucht ist und das Frühstück aufgrund schlechten Wetters ins Wasser fällt bzw. das trockene Verstauen der Ausrüstung im Vordergrund steht. In diesen Augenblicken habe ich genug mit mir selbst zu tun und bin dankbar, dass ich die Kinder nicht noch zusätzlich motivieren muss. Im Gegenteil, die Kinder haben mich in diesen Situationen noch durch ihre offene Haltung und ihr Einlassen auf die Notwendigkeiten der Situation mitgetragen. Die Selbständigkeit der Kinder hat natürlich auch seine Grenzen, denn nicht alles darf man ihnen aufbürden und nicht immer ist ihre Motivation ungebrochen. Da wäre ja auch irgendetwas nicht in Ordnung, wenn die Kinder lieber abspülen oder den Müll noch wegbringen würden, als noch ein wenig Fußball zu kicken oder schon im Zelt zu liegen und ein interessantes Buch zu lesen. Trotzdem ist diese Tour für uns Eltern kein verlängerter Urlaub mit „all inclusive" oder gar eine Erholungskur. Es gilt jeden Tag neu zu planen, für Verpflegung und Übernachtung zu sorgen. Die Familie ist 24 Stunden beieinander. Die Kinder in die Schule schicken, zum Musikunterricht, Sport etc. ist nicht möglich. Es entsteht jedoch ein neues Zusammengehörigkeitsgefühl, dass sich jeder auf den anderen verlassen kann, wenn es wirklich darauf ankommt. Dass wir zusammen etwas erreichen können, auch wenn es manchmal unmöglich erscheint. Dieses Gemeinschaftsgefühl und Vertrauen in die Welt lässt sich ja nur praktisch erfahren. Auch das Interesse für z. B. das Erlernen fremder Sprachen ist ein anderes, wenn man Menschen begegnet, die eine andere Sprache sprechen. Und wenn man, wie wir, mit dem Fahrrad unterwegs ist, kann man Interesse für die Welt erleben, da man ja jederzeit anhalten kann, wenn es etwas zu sehen gibt. Dieser Blick und diese Einstellung (der Weg kann auch ein lohnenswertes Ziel sein) wollen geübt und gelernt werden. In einer Zeit, die sehr ziel- und ergebnisorientiert ist, ist das nicht mehr selbstverständlich möglich. Ganz zu schweigen von der nicht unerheblichen Anzahl von Kindern und Jugendlichen, die scheinbar schon mit der realen Welt abgeschlossen haben, bevor sie diese überhaupt kennengelernt haben.

Wir nutzen den Morgen, um am Bodensee zu verweilen, bevor es dann gegen Mittag weitergehen soll. Leider haben wir eine falsche Information bzgl. der Abfahrtszeiten der Fähre nach Steckborn, auf die gegenüberliegende Schweizer Seite. So kaufen wir noch ein wenig ein und essen Eis, bevor wir dann erst am Nachmittag die Strecke bis Kreuzlingen in einem Schwung entlang des Bodensees radeln.

Von Steckborn bis Kreuzlingen entlang des Bodensees

Kreuzlingen bis Chur

Samstag 12. Mai Kreuzlingen/Konstanz 10 km

Neben unserem Campingplatz befindet sich ein Freibad. Das erste Freibad auf unserer Tour, das geöffnet hat. Maxi und Mathis gehen nach dem Frühstück schwimmen. Wir fahren mit Michel in das nahe Konstanz und machen die üblichen Besorgungen, wir benötigen noch eine neue Fahrradkarte und wollen in der Gemeinde der Christengemeinschaft vorbeischauen. Hier findet morgen die Sonntagshandlung statt. Frau G., die Pfarrerin zeigt uns die Räumlichkeiten. Auf dem Gelände wird gerade ein Lehmhaus gebaut, ein Viert-Klässler-Projekt. Auch erste Vorbereitungen für das Kinderlager am Bodensee in Moosburg werden getroffen. Hier könnten wir auf unserem weiteren Weg übernachten. Nachmittags gehen wir noch einmal alle zusammen in das Freibad.

Sonntag 13. Mai Kreuzlingen Konstanz - Utwill 20 km

Morgens bauen wir frühzeitig unser Zelt ab und fahren zunächst nach Konstanz, um die Sonntagshandlung zu besuchen. Wir bekommen das Angebot, in der Gemeinde zu übernachten. Ganz unkompliziert bietet die Pfarrerin an, dass wir im Saal unser Lager aufschlagen können. Die andere Option wäre das 15 km entfernte Moosburg, an einer Stelle direkt am Bodensee, was jedoch bei Gewitter wegen der großen Bäume nicht ratsam ist. Wir überlegen in Konstanz zu bleiben, da für den Abend Gewitter gemeldet sind. Es zieht uns jedoch weiter, vor allem die Kinder möchten weiter. So genießen wir noch ein paar Stunden den Blick auf den See mit Ausflugsbooten und Sonntagsseglern. Am Nachmittag geht es weiter Richtung Moosburg. Der Radweg ist hier gut ausgeschildert und gut zu fahren. Immer den Blick auf den See, auf Villen mit Seezugang und Wiesen. Gegen 18

Uhr erreichen wir Moosburg, der Himmel hat sich zugezogen, das Gewitter liegt förmlich in der Luft, wir müssen weiter, um einen geschützten Platz zu finden. Unter den Bäumen am offenen Ufer können wir unser Zelt nicht aufschlagen. Wenige km weiter soll ein Campingplatz sein. Wir treten in die Pedale und kommen gerade noch rechtzeitig dort an. Die Platzwärterin wollte gerade schließen, als wir den Platz betreten. Sie zeigt uns Stellmöglichkeiten und bietet an, dass wir im Aufenthaltsraum nächtigen können. Wir sind nämlich die einzigen Gäste mit Zelt. Wenn wir so den Himmel betrachten, beruhigt uns das Angebot sehr. Das Zelt ist schnell aufgebaut, wir kochen und essen im beheizten Aufenthaltsraum, was gefühlsmäßig auch eine Sauna sein könnte. Ja wenn man ständig draußen ist, fühlt es sich drinnen irgendwie nur stickig und schnell zu warm an. Danach gehen wir noch einmal zum See und Michel spielt im Sandkasten, bevor es ins Zelt geht. Dann setzt der Regen ein, so heftig, dass Maxi nass wird, da er so nah an der Außenwand liegt. Maxi möchte in den Aufenthaltsraum ziehen, dort könne er wenigstens in Ruhe lesen. So können wir ausreichend Abstand zur Zeltwand halten und bleiben die Nacht über trocken.

Montag 14. Mai Utwill - Hard 48 km

Heute ist das Wetter etwas abgekühlt, es ist bedeckt, ein wenig windig, jedoch überwiegend trocken. Die Prognose für die kommende Nacht und die nächsten Tage ist leider nicht berauschend. Starker Regen ist angesagt. Wir befinden uns hier sozusagen in einem Regenloch, während es weiter in der Mitte und dem Norden durchaus sonnig und warm ist. Eigentlich haben wir unser heutiges Ziel schon vor über einer Woche fest gebucht (das einzige bisher vorgebuchte). Camping Rohrspitz in Fußach, ein Naturschutzgebiet im Mündungsdelta des Rheins in den Bodensee. Der Besitzer hatte empfohlen, den Stellplatz fest zu buchen, was wir dann in einer längeren E-Mail Korrespondenz und einigem Hin und Her auch geschafft hatten. Bei dieser Wetterprognose nutzt uns der gebuchte Platz gar nichts mehr, da schwimmen wir höchstens davon. Wir fragen an, ob es dort vielleicht feste Unterkünfte gibt, leider nicht. Im nahen Hard gibt es eine Jugendherberge, in der noch ein 6-Bett Zimmer frei ist. Wir sagen zu. Der Weg dorthin führt fast immer am Bodensee entlang, bis wir zum Mündungsgebiet kommen. Dort überschreiten wir die Grenze zu Österreich. Auf dem Radweg spricht uns ein Mann an und fragt nach unserem Ziel. Es stellt sich heraus, dass er genau in unsere Richtung fährt und uns eine Abkürzung von mehreren km weisen kann. Wir nehmen dankend an, denn wir sind ja schon 40 km gefahren, haben unterwegs eine kleine Kunstausstellung besucht, zwei Pausen gemacht und möchten jetzt gerne ankommen. Einkaufen und essen müssen wir auch noch. Der Mann fährt voraus. Er wird an einigen Straßenecken von den Einwohnern gegrüßt. „Grüß Dich Franz", heißt es immer wieder. Irgendwie freundlich die Österreicher. Franz zeigt uns seltene Pflanzen wie Orchideen, die hier im Mündungsdelta wachsen, erklärt uns die Auswirkungen der Rheinbegradigung, dass Bregenz in einigen Jahren vom See abgeschnitten ist, wenn der neue Rhein nicht weiter in den See verlegt und ausgebaggert wird. Das war eine interessante Führung für uns. Noch 2 km und wir kommen in unserer Herberge an. Wir beziehen das Zimmer und fahren noch zum nahe gelegenen Spar Markt. Als wir wieder herauskommen, schüttet es in Strömen. Nur gut, dass wir ein Zimmer haben. Pitschnass kommen wir zurück in die Herberge und freuen uns, dass wir heute Nacht hier sind.

Dienstag 15. Mai Hard/Rheinmündung 14 km

Die Wetterprognosen stehen immer noch auf Regen. Das Zelt möchten wir bei diesem Wetter nicht aufschlagen. Tagsüber ist zwar ein kurzzeitiges Aufklaren angezeigt, gegen Spätnachmittag soll dann wieder starker Regen einsetzen. Wir überlegen, ob wir weiterfahren oder noch eine Nacht in Hard bleiben. Eigentlich war unser Zimmer nur für eine Nacht frei, wir fragen jedoch noch einmal und können noch eine weitere Nacht bleiben, wozu wir uns entschließen. Trotz leichtem Regen fahren wir zur Rheinmündung und gehen dort den Wanderweg. LKWs fahren parallel, vollbeladen mit Sand und Steinen. Der Rhein wird hier ausgebaggert, damit er nicht versandet bzw. damit nicht zu viele Sedimente von den Bergen in den Bodensee gespült werden und Bregenz vom Wasser abgeschnitten wird. Aus diesem Grunde wird der sogenannte Neue Rhein noch um einige km verlängert und fließt dann erst weiter mittig an tieferer Stelle in den See. Man kann sich das so vorstellen, dass im flachen Mündungsbereich eine Rinne ausgebaggert und links und rechts zu Dämmen, den neuen Flussufern, aufgeschüttet wird. Nachdem wir ein Stück gewandert sind, holen wir unsere Räder und fahren jetzt bis ans Ende des 7 km langen Dammes, bis wir direkt an der Mündung sind. Auf dem Rückweg halten wir an einer Feuer- und Badestelle auf dem Damm an. Hier kochen und essen wir, die Kinder spielen am Ufer. Genau über uns reißt die Wolkendecke auf, die Sonne scheint. Es ist richtig warm geworden. Weiter draußen auf dem See ist es teils bewölkt, teils klar, ein herrliches Panorama in einem wundervollen Licht. Nach einiger Zeit zieht es sich auch über uns zu, so dass wir den Rückweg antreten. Da zischt es plötzlich. Melanies Hinterreifen ist wieder platt. Maxi und ich bleiben zum Reparieren, die anderen versuchen noch vor dem Regen heimzukommen bzw. kaufen vorher noch ein. Bei der Reparatur fällt auf, dass der Reifen an einigen

Stellen schon Löcher hat, so dass der Innenschlauch schon herausguckt. Der grobe Schotter des Rheindamms hat dem Reifen sozusagen „den Rest" gegeben. Wir flicken den Schlauch und fahren dann mit größter Vorsicht zur Herberge und sofort weiter zum nächsten Fahrradgeschäft, das glücklicherweise nur wenige Minuten entfernt ist und sogar geöffnet hat. Der Fahrradhändler winkt zunächst ab, 26 Zoll Reifen sind bestellt und kommen voraussichtlich erst morgen. Dann verschwindet er und findet doch noch einen einzigen Reifen, einen Faltreifen. So ein Ding sieht eigenartig geknickt und verformt aus. Irgendwie kann ich mir nicht vorstellen, dass man daraus etwas Rundes Rollendes machen kann. Es hat dann aber doch funktioniert, man muss ihn einfach aufpumpen und die Falten verschwinden. Beim Verlassen des Fahrradgeschäftes fängt es an zu regnen. In der Herberge sitzen wir jetzt gemütlich und trocken am Tisch beim Abendbrot.

Rheinmündung in den Bodensee

Mittwoch 16. Mai Hard - Vaduz 47 km

Nach dem Frühstück satteln wir auf. Die Räder stehen in einem Unterstand der Herberge, so dass alles noch trocken von statten gehen kann. Mit unserem Aufbruch hat es wieder zu regnen begonnen, jedoch nur leicht, es ist bewölkt und verhangen am Himmel. Der Weg führt zunächst in das Mündungsdelta des Rheins und dann immer am Neuen Rhein entlang Richtung Alpen. Die breite Fläche um uns herum wird bald enger, Berge tun sich um uns herum auf. Kaum vorzustellen, dass wir da hinüber kommen wollen. Bislang waren die Etappen ja meistens flach und auch heute sind kaum Höhenmeter im Programm, doch die immer näher kommenden Berge deuten förmlich auf die kommenden Bergetappen hin. Wir fahren an einem Bauernhof vorbei, an dem der Stallmist mit einem Förderband und einer Art Seilbahn automatisch ausgemistet wird. Die Kinder sind neugierig und schauen sich das Geschehen längere Zeit an. Dann geht es weiter, der Regen wird heftiger. Das erste Mal, dass wir für längere Zeit die komplette Regenkleidung benötigen. Das ist ein guter Test, ob das Zeug überhaupt dicht hält. Eine Hose, die uns als besonders strapazierfähig und haltbar angepriesen wurde, lässt schon nach 10 Minuten das Wasser durch. Nur gut, dass wir auf die Regenkleidung so wenig angewiesen waren. Wir machen eine kurze Pause unter einer Brücke. Hier ist der Radweg überflutet. Wir müssen über die Wiese daneben fahren. Wir nehmen ein wenig Nahrung auf und weiter geht es, denn Gemütlichkeit für ausgedehnte Pausen kommt momentan nicht auf. Es ist kalt. Sogar so kalt, dass wir alle Handschuhe anziehen, die leider nicht lange wärmen, da sie nass werden (Wie haben wir die Pausen zu Beginn der Reise gemacht, als es noch viel kälter war?). Der Weg führt ein Teilstück über einen Schotterweg, dann ist er jedoch wieder asphaltiert und es geht zügig voran. Meistens ist die Autobahn in unserer Nähe, ja die Trasse am Rhein ist eben flach und gut geeignet für jeglichen Straßenverkehr.

Am frühen Nachmittag überqueren wir die Grenze zum Fürstentum Lichtenstein. Bereits nach kurzer Zeit erreichen wir die Jugendherberge in Schaan bei Vaduz. Check-In ist erst gegen 17 Uhr. Das Gebäude ist jedoch geöffnet und wir setzen uns in den überdachten Außenbereich zum Kochen und Essen. Wir fahren mit den Rädern in die Hauptstadt Vaduz, wo sich auch das Schloss oberhalb an einem Berg befindet. Es ist ein besonderes Gefühl in einem Ministaat mit nur wenigen Einwohnern, von Bergen umgeben, unterwegs zu sein. Wir kommen an einer Hochschule für Finanzen vorbei, dann an der Landesbank, ja hier scheint Geld eine wichtige Rolle zu spielen. Die Straßen, Häuser, ein Park, alles ist sauber, ordentlich, geregelt. Die Menschen sind freundlich, wirken ein wenig geschäftig. In der Jugendherberge sind wir heute fast die einzigen Gäste. Wir haben ein Familienzimmer mit Empore bezogen, auf der die Kinder schlafen. Die Empore ist über eine steile Leiter zu erklimmen, was den Kindern sichtlich Freude bereitet. Am Abend klart das Wetter auf, die Nacht bleibt trocken, heute hätten wir auch im Zelt schlafen können. Überhaupt gestaltet sich die Zeltübernachtung einfacher für uns. Die Satteltaschen können am Fahrrad bleiben, wir haben unsere Ordnung und alles, was benötigt wird, immer griffbereit. In der Herberge müssen wir vorher umpacken, überlegen was benötigt wird und nicht zu viel mitnehmen, da wir ja alles von Hand hinein und wieder hinausschleppen müssen bis in die oberste Etage.

Donnerstag 17. Mai Vaduz - Chur 55 km

Der Tag beginnt mit dem Frühstück in der Jugendherberge. Am späten Abend sind noch drei Gäste eingetroffen mit Simson Motorrädern, hergestellt in der ehemaligen DDR. Sie berichten, dass sie am gestrigen Abend gegen 18 Uhr von der italienischen Seite aus über den Splügenpass gefahren sind und zeigen Bilder. Der oberhalb liegende See ist noch teilweise zugefroren, es liegt noch Restschnee. Sie berichten, dass sie die gesamte Strecke hoch zu im 1. Gang zurückgelegt haben. Als wir berichten, dass wir in den nächsten Tagen auch herüberfahren, gucken sie ein wenig ungläubig, denn vom Frühstücksraum aus sind unsere beladenen Räder gut zu sehen. Heute fahren wir jedoch erst einmal bis Chur, noch ohne nennenswerte Höhenmeter, immer den Rhein entlang. Die erste Pause machen wir wenige km vor Bad Ragaz. In unserem Radwegführer werden wir aufmerksam auf die Thermalquelle in der nahen Taminaschlucht. Alternativ ist auch das Heididorf nicht weit. Wir entscheiden uns für die Schlucht, da die Kinder die Heidi Bücher/Filme nicht kennen. Von Bad Ragaz aus fahren wir noch ein Stück bergan, dann lassen wir die Räder stehen und folgen dem Wanderweg per Pedes hinauf zur Schlucht. Nach circa einer Stunde kommen wir in der Schlucht am alten Badehaus an. Wir wechseln Geld, damit wir durch das Drehkreuz Einlass in die Schlucht finden. Unter uns rauscht das Wasser, wir gehen auf einem schmalen Weg durch die enge Schlucht. Dann führt der Weg in den Berg hinein, es wird angenehm warm, die Luftfeuchte verhält sich ähnlich wie im Kühlturm des Atomkraftwerkes. Der Weg endet kurz vor der Thermalquelle. Hier sprudelt 36,5 Grad warmes Wasser aus dem Berg. Es soll, so die Theorie, tief in der Erde versickert sein und nach 10 Jahren hier austreten. Im 15. Jahrhundert haben Jäger die Quelle zufällig entdeckt, seitdem wird sie immer mehr genutzt. Der Arzt Paracelsus hat hier gewirkt. Rilke und Thomas Mann haben hier ihre Leiden kuriert. Das Wasser wird mittlerweile über eine Pipeline in das wenige Kilometer entfernte Bad Ragaz geleitet. Dort befindet sich der Badebetrieb. Kurz vor der Schlucht steht noch das alte Badehaus, das vor einigen Jahren renoviert wurde und jetzt als Restaurant und

Museum dient. Beim Verlassen der Schlucht fällt uns auf, dass sich das Eingangsdrehkreuz auch ohne Geldeinwurf dreht. Alle Leute, uns eingeschlossen, werfen jedoch erst passend Geld ein und warten auf ein OK auf dem Display, bevor sie das Tor bewegen.

Den Rückweg zu unseren Rädern fahren wir mit dem Postauto, denn wir haben noch einige km zu radeln. Nach einer Stunde machen wir eine Art Zwangspause. Wir haben alle einen Bärenhunger. Am frühen Abend erreichen wir den Campingplatz in Chur. Wir kochen noch Hirse, dann geht es schnell ins Zelt, es war ein langer Tag.

Freitag 18. Mai Chur

Heute wollen wir uns Chur ansehen, Wäsche waschen, die Fahrräder noch einmal überprüfen und das Freibad besuchen. Das Waschen der Wäsche läuft stockend an. Wir haben das Wasser nicht aufgedreht.

Eine Dauercamperin unterstützt uns und die Maschine läuft jetzt an. Jetzt geht es an die Fahrräder. Die Bremsbeläge müssen teilweise gewechselt werden. Es stellt sich heraus, dass Michel einen neuen Bremszug benötigt. Diesen wollen wir in der Stadt besorgen. Der erste Fahrradladen hat Mittagspause, wir fahren erst einmal weiter Richtung Zentrum und besichtigen die Kathedrale. Innen gibt es auch Beichtstühle. Die Kinder interessiert, wie dieses Sakrament abläuft. Nach einigen Erklärungen fahren wir weiter und finden einen Outdoor- und Fahrradladen. Mathis probiert sofort Downhillhelme (250 € ein Helm) an, für die Alpenquerung werden wir so etwas nicht benötigen. Sie sind außerdem sehr schwer. Ich lasse mir einen Bremszug geben und montierte diesen gleich vor dem Geschäft, der Verkäufer leiht mir noch Werkzeug zum fachgerechten Abtrennen und Aufsetzen einer Abdeckhülse. Ich frage noch nach Werkzeug zum Nachziehen von Mathis' Fahrradständer. Der Senior nimmt sich der Sache an und hat gleich im Blick, dass da noch eine zusätzliche Unterlegscheibe fehlt. Wir erhalten weitere Informationen zum folgenden Streckenverlauf. Hier scheint es überhaupt keine Besonderheit zu sein, die Alpen zu überqueren. Das macht uns Mut.

Zurück am Campingplatz gibt es Mittagessen und dann wollen wir noch in das Freibad nebenan. Allerdings ist es inzwischen ein wenig abgekühlt und der Wind frischt auf. Wir gehen trotzdem, nur für eine Stunde. Die Eintrittspreise unterscheiden zwischen ortsansässig und "fremd" (= teurer). Zudem gibt es nur Tagestickets. Für den Preis bekommen wir in der Jo-Wiese in Hildesheim schon die halbe Familiensaisonkarte. Ja, man muss mal ins Ausland, um zu sehen, wie günstig es zu Hause ist. Abends gehen wir noch einmal zum Rhein. Hier in Chur ist er noch ungeteilt. Weiter aufwärts teilt er sich in Vorder- und Hinterrhein.

Chur bis Sorcio

Samstag 19. Mai Chur - Thusis 29 km

Der Radweg führt uns entlang des Rheins über ein kleines Bergdorf mit Brunnen auf dem Dorfplatz. Die Kinder maulen ein wenig, denn wir hätten das Bergdorf und die damit verbundenen Höhenmeter auch umfahren können. Dann folgt jedoch eine rasante Abfahrt zurück an den Rhein bei Reichenau, wo der Hinter- und Vorderrhein zusammenfließen. Ab hier heißt der Fluss Rhein und hier ist der Flusskilometer 0 (km 94 ist die Mündung in den Bodensee bei Hard in Österreich). Wir fahren jetzt weiter am Hinterrhein entlang. Es folgt ein steiler Anstieg bis Baduz, wo wir eine Pause auf dem Marktplatz einlegen. Ein älterer Rennradfahrer beglückwünscht uns, den Aufstieg mit unserem Gepäck geschafft zu haben. Der weitere Weg führt über die Kantonalstraße 13. Es geht auf und ab, immer gut fahrbar. Wenige km vor Thusis kommt dann ein Abzweig auf einen Radweg. Dieser führt an einem Bauernhof, einer Biogasanlage vorbei und weiter an Wiesen und Felder entlang. Wir passieren eine Autobahnraststätte, wo ein Schild "Splügenpass geöffnet" zu sehen ist. Die erste offizielle Information, dass eine Überquerung möglich ist.

Im Wald ist eine Hängebrücke über den Hinterrhein, der hier mehr Steine als Wasser führt. Ein wenig weiter folgt ein Schwimmbad, dann kommt der Campingplatz. Ein schöner Platz mit Stellplätzen unter Kiefern im Wald. Die Autobahn ist hier nicht mehr zu hören. Die Frau vom Campingplatz berichtet uns, dass sie früher auch mit den Kindern Fahrrad-Fernreisen unternommen hat. Wahrscheinlich weiß Sie, was Radfahrer unterwegs benötigen, denn es gibt dort Sitzgelegenheiten, sogar auch überdacht. Maxis Schaltung hat einen Defekt, der leichteste Gang will nicht mehr richtig schalten und das vor den anstehenden Tagen mit den Bergpassagen! Die Fahrradwerkstatt ist leider schon geschlossen. Wir stellen die Schaltung so ein, dass nur noch der zweit leichteste Gang fahrbar ist, denn die Kette ist heute schon dreimal abgesprungen und der Umwerfer kratzt an den Speichen. So ist sichergestellt, dass der Antrieb hält. Der Nachteil ist jedoch, dass Maxi jetzt mehr Kraft aufwenden muss und wahrscheinlich schneller an seine Grenze kommen wird. Denn er hat uns einiges an Gepäck abgenommen. Wir kaufen in der gottseidank noch geöffneten Coop-Tankstelle ein, da die nächsten beiden Tage Feiertage sind, was uns leider wieder zu spät eingefallen ist.

Sonntag 20. Mai Thusis - Andeer 970 m üNN 22 km

Seit den Morgenstunden gibt es Dauerregen. Da unsere Schlafsäcke und Isomatten noch relativ trocken sind, packen wir erst einmal zusammen. In einer kleinen Regenpause trocknen wir das Zelt von außen ab und packen es schnell ein. Das Frühstück nehmen wir in einem Zelt mit Bänken und Tischen ein. Alles in allem ist der Start gut gelaufen, entspannter ist so ein Morgen jedoch, wenn es trocken ist. Der Regen wird uns heute noch den gesamten Tag lang begleiten. Erst für den Abend ist eine Wetterbesserung in Sicht. Da morgen Pfingstmontag ist, haben wir Verpflegung für zwei Tage zu transportieren. Von 720 m üNN geht es auf 970 m üNN. Das ist eigentlich nicht so viel. Auf dem ersten Drittel der Strecke haben wir es jedoch mit einem sehr steilen Anstieg zu tun. Wir steigen immer wieder ab und schieben. Drei Tunnel sind zu passieren, in denen auch Autos unterwegs sind. Hier halten wir uns äußerst rechts, eine Spur für Radfahrer gibt es nicht. Wenn Autos in den Tunnel einfahren, gibt es einen riesigen Lärm, der immer stärker wird, je näher sie kommen. Den Kindern scheinen diese Passagen irgendwie Spaß zu bereiten. Bei mir gehen in diesen dunklen Röhren eher die Alarmglocken an und ich bin immer dankbar, wenn alle wieder unversehrt draußen sind. Gut, dass heute Sonntag ist und keine LKWs unterwegs sind, denke ich. Dann kommen wir an einen historischen Punkt, die Via Mala Schlucht. Diese musste früher jeder passieren, der die Alpen überqueren wollte. Die Wege an dieser Stelle waren schlecht, die Überquerung der 300 m tiefen Schlucht gefährlich, deshalb der Name Via Mala (schlechter Weg). Bevor der Hinterrhein oberhalb in Suflers durch einen Stausee reguliert wurde, flossen durch die Schlucht mitunter riesige Wassermassen. Heute wird der größte Teil des Wassers über einen künstlichen Stollen durch ein Kraftwerk geleitet, so dass nur noch 12 m³ pro Sekunde dahinfließen, früher waren es bis 280 m³ pro Sekunde. So kann man sich gut vorstellen, dass die Passanten auf den ohnehin schon gefährlichen Wegen durch die gewaltigen Wassermassen und das tosende Sprudeln und Rauschen geängstigt waren. Wir treffen im Besucherzentrum einen Radler aus Maastricht. Er ist in nur 10 Tagen bis hierher gefahren. Heute ist er zwei Deutschen Richtung Splügen gefolgt. Diese haben jedoch einen falschen Weg eingeschlagen, so sind sie schon 20 km bergan einen Umweg gefahren. Er trinkt einen Kaffee und nimmt eine Cola mit, dann fährt er weiter. Nur gut, dass uns das heute nicht passiert ist. Denn wir haben keine Papierkarte mehr und auf unseren elektronischen Navigator kann man sich nicht hundertprozentig verlassen. Der Senior im Fahrradladen in Chur sagte, wir müssen immer auf der Kantonalstraße bleiben, dann sind wir richtig. Bislang hat das gut funktioniert. Es folgt ein weiterer Anstieg, eigentlich sollte sich hier eine Hängebrücke in der Nähe befinden, die wir jedoch nicht sehen. Der nächste Ort ist Zillis. Hier besichtigen wir die Dorfkirche St. Martin mit einer bekannten romanischen Bilderdecke und das Museum. Wir treffen eine Schweizer Familie, die im letzten Jahr auch zwischen Ostern und Sommer eine Auszeit mit Kindern genommen hat. Sie sind nach Amerika geflogen und haben dort unter Anderem

Nicaragua und Kuba bereist. Sie waren allerdings mit dem Auto unterwegs.

Es folgt ein flacher Anstieg bis Andeer, das auf einer Hochebene gelegen ist. Unser Campingplatz liegt direkt am Ortseingang. Die Sonne kommt durch, es ist windstill. Wir bauen das Zelt auf, kochen und essen auf der Wiese. Nach einem kleinen Rundgang durch das Dorf sind wir müde und gehen bald zu Bett. Für den morgigen Tag nehmen wir uns vor, mit dem Postauto noch einmal zurück zur Via Mala Schlucht zu fahren und eine Wanderung zur Hängebrücke zu unternehmen. Auch eine erneute Inspektion von Melanies Hinterreifen steht an. Da scheint wieder Luft zu entweichen.

Die Sonne kommt hinter den Bergen hervor

Montag 21. Mai Andeer/Rongellen

Morgens um 8:00 Uhr ist es noch schattig und recht kühl. Zelt und Wiese sind feucht und nass. Zehn Minuten später erscheint die Sonne über dem Berggipfel, es ist sofort warm, fast heiß. Die Feuchtigkeit steigt dampfend empor. Den Unterschied zwischen Schatten und Sonne kann man hier ganz intensiv erleben und fühlen. Es lässt sich kaum mit Worten beschreiben.

Eine Katze besucht uns morgens im Zelt. Mathis, aber auch Michel freuen sich sehr. Es sei das größte Geschenk der Tour, sagt Mathis. Später nehmen wir das Postauto Richtung Thusis. Wir unternehmen eine Wanderung von Rongellen Abzweig zur Hängebrücke. Der Traversina Steg II wurde 2005 erbaut und ersetzt den von 1996. Zurück geht es über einen Wanderweg bis zum Via Mala Besucherzentrum. Dort schauen wir uns noch einmal um und lesen viel zu der Geschichte dieses Ortes. Nachmittags sind wir wieder zurück in Andeer. Auf einem Spielplatz stehen vier riesige Lerchen. Das wäre in Hildesheim wohl unvorstellbar. Denn so eine Lerche verliert ja ihre Nadeln und wächst recht hoch. Die Kinder spielen auf dem Platz und auch nebenan im Fluss. Der undichte Hinterreifen bekommt den dritten Flicken, jetzt sollte er die Luft halten. Um 21:00 Uhr ist es noch taghell. Wir gehen trotzdem schlafen, denn morgen wartet die nächste Bergetappe auf uns.

Dienstag 22. Mai Andeer - Splügen 1450 üNN/480 Hm 20 km

Morgens kaufen wir in der Sennerei in Andeer ein. Dort gibt es Butter, Milch, Joghurt, Quark. Wir haben gehört, wie die Kühe morgens und abends zum Melken von der Weide ins Dorf getrieben wurden. Man merkt, die Produkte werden hier nicht nur in Bio - Qualität hergestellt, sondern auch mit viel Liebe. Wir machen noch einen Einkauf im Volg, aber nur das Nötigste wegen der vielen Höhenmeter. Dann erklimmen wir die ersten Serpentinen und nach ca. 150 Höhenmetern kommt die Rofflaschlucht. Hier hat Christian Pitschen-Melchior zwischen 1907 - 1914 in den Wintern mit dem Handbohrer und einfachsten Werkzeugen einen befestigten Weg durch die Schlucht zum Wasserfall des Rheins angelegt, so dass man durch einen Tunnel unter den Rhein gehen kann.

Traversina Steg, Länge: 56 m, Höhe: 70 m, Höhendifferenz: 22 m

Wir treffen drei Wanderer, die ca. eine Stunde vor uns vom Campingplatz in Andeer gestartet sind und auch das Ziel Splügen haben, jedoch nicht über den Fahrradweg sondern über den Via Spluga Wanderweg wandern. Dann geht es weiter bergan. Vielleicht 30 bis 40 Minuten und Maxi bekommt einen „Hungerast". Wir machen direkt an der Kantonalstraße Pause. Diese ist so gut wie nicht befahren, was nicht nur sehr angenehm für uns ist, wir können sogar die Natur während der Fahrt richtig genießen. Ein gutes Gefühl abseits der Hauptrouten den Berg zu erklimmen. Dann geht es weiter, wieder bergan, einige Geraden, dann wieder Serpentinen, an einer Festungsanlage vorbei, durch eine kleine Umleitung an einer Brückenbaustelle vorbei bis nach Sufer, wo der Hinterrhein in einem großen See gestaut wird und mit Wasserkraft Strom erzeugt wird. Der Löwenzahn ist hier noch gelb und erstreckt sich weit über die Hänge. In dieser Höhe ist die Natur einige Wochen zurück. In Andeer waren die Wiesen nicht mehr gelb sondern weiß voller Löwenzahnpollen. Wir nehmen den südlichen Weg um den See durch den Wald. Der Weg ist von Moos bedeckt, es gibt hier Tannen und viele Lerchen mit feinen, hellgrünen Nadeln. Der Weg ist hier relativ flach, bis Splügen geht es jedoch noch einmal bergan, allerdings nicht mehr so steil. Wir erreichen Splügen, ein bis Ende des 19. Jahrhunderts blühendes Dorf, durch das die Reisenden und Händler von und nach Italien über die Alpen kamen. Dann kam jedoch die Krise, denn die Gotthardbahn wurde eröffnet. Heute ist hier noch Tourismus geblieben. Bei unserer Ankunft fängt es an zu regnen, es sind kaum Menschen auf den Straßen. Überhaupt macht es den Eindruck, dass man hier entspannt Urlaub machen kann. In der Bäckerei kaufen wir noch ein wenig ein, besichtigen den historischen Ortskern, das Wakerdorf und fahren weiter zum Campingplatz. Hier bleiben keine Wünsche offen. Ein beheizter Aufenthaltsraum, Kochgelegenheit und ein Laden mit allen

Dingen, die benötigt werden. Michel ist begeistert von einem Spieltraktor, die älteren Brüder haben den Tischkicker gefunden. Wir Eltern sind müde, vielleicht liegt das auch an der dünnen Luft hier oben. Unser Zelt ist rundum von Bergen mit Schnee auf den Spitzen umgeben. Die drei Wanderer von heute Morgen sind bei Einbruch der Dämmerung noch nicht am Platz angekommen.

Mittwoch 23. Mai Splügen - Campodolcino 30 km
663 Hm auf 10 km bergauf und 1036 Hm auf 20 km bergab.
Michel möchte noch in Splügen bleiben, hier gibt es ja diesen Spieltraktor mit Anhänger. Mathis und Maxi wollen heute unbedingt über den Pass. Wir machen noch einen Einkauf beim Volg-Laden, aber nicht zu viel und es geht sofort bergan. Wir bekommen noch Schokolade geschenkt, da wir mit dem Rad über den hier beginnenden Splügenberg wollen. In Serpentinen geht es einen steilen Hang hinauf. Hier wird im Winter Ski gefahren. Das Fahrrad zu schieben mit der vielen Zuladung ist schwierig und schwer, besser man fährt und zwar quer zur Falllinie. Also Schlangenlinien bergan, natürlich nur, wenn keine Autos kreuzen. Viel Verkehr herrscht hier jedoch nicht. Vielleicht liegt das auch daran, dass aufgrund eines Felssturzes auf italienischer Seite das Passieren nur zu bestimmten Zeiten möglich ist. Nach einigen Spitzkehren erreichen wir die Schneegrenze. Ca. 2 km weiter haben wir schon 200 Höhenmeter gemeistert. Am Wegesrand ist blauer Enzian zu sehen. Wir machen eine erste kleine Rast, dann folgt ein eher gerader Abschnitt mit weniger Steigung. Es ist ein Flusslauf zu sehen und wir queren den Fluss über eine Brücke. Ein Autokonvoi überholt uns, mehrere Porsche, Maserati, Ferrari, es muss so eine Art Orientierungsfahrt sein. Die Insassen grüßen uns freundlich. Bald sind von weitem viele Spitzkehren zu sehen. Dort geht es wieder sehr steil bergan. Wir

entdecken Murmeltiere, die durch den Schnee laufen. Davon gibt es hier offensichtlich sehr viele. Die Temperaturen sind jetzt deutlich zurückgegangen, deshalb fahren wir erst einmal weiter und verschieben die Pause. Nach einigen steilen Kehren brauchen wir jedoch unbedingt Energie in Form von Müsli und Broten. Die Picknickdecke wird ausgebreitet. Mathis, der schon eine Serpentine höher ist, stellt sein Fahrrad ab und kommt zu uns über die Wiese hinunter. Auf dieser Höhe gibt es keine Bäume mehr. Wir sehen Rehe im Schnee laufen. Einige Autos, die an uns vorüberfahren hupen und grüßen nett. Die Sonne kommt heraus, hier können wir gut sitzen. Dann sagt Michel, wie jedes Mal heute: Und weiter geht's. Das Berghaus Splügenpass rückt näher. Auf dem Schild heißt es Essen-Trinken-Schlafen-Träumen, nur gut, dass wir gerade eine Pause

Blauer Enzian am Pass

gemacht haben, denn es ist geschlossen. Hinter dem Haus kommt ein Zollschild und eine Zollstation, die jedoch nicht besetzt ist. Es geht immer noch weiter bergan. Wir werfen nochmals einen Blick abwärts auf die 23 Schleifen auf der Schweizer Seite, die wir bereits hinter uns gelassen haben!

Auf der Italienischen Seite sind es 52 Spitzkehren!

Über den Pass verläuft die Wasserscheide zwischen dem Rhein in der Schweiz und dem Po in Italien. Auf der Nordseite des Passes entspringt der Hüscherabach, er mündet in Splügen in den Hinterrhein. Der Pass liegt auf der Trennlinie zwischen Westalpen und Ostalpen.

Dann sind wir oben, 2113 m üNN auf dem Splügenpass. Hurra, wir haben es geschafft!

Nach einigen Fotos ziehen wir unsere Regenkleidung über. Hier oben ist es kalt und ab jetzt geht es nur noch bergab und der Fahrtwind kühlt den Körper schnell aus. Mathis und Maxi fahren, man könnte auch sagen rasen voraus. In Monte Spluga, einem kleinen ersten Dorf auf der italienischen Seite hat ein Café geöffnet, sonst ist der Ort jedoch wie ausgestorben.

Erst ein Jahr später berichtete Mathis uns, dass sein Fahrrad mit dem Gepäck bei 60 km/h plötzlich ins Schlingern geriet. Er konnte es gerade noch halten. Maxi wusste davon, durfte es jedoch nicht verraten. Sie wussten, sonst hätte Mathis hinter Frank herfahren müssen.

Bergab, die Jungs immer voraus.

Hier gibt es auf 1800 m üNN einen großen Stausee, der noch teilweise zugefroren ist. Hier treffen wir die beiden Jungs wieder. Ein Stück weiter halten die Kinder wieder an, denn es liegt guter Schnee für eine Schneeballschlacht. Es geht weiter. Wir sehen eine Ziegenherde am Wegesrand und dann kommt der erste Tunnel und ein weiteres Dorf, wieder wie ausgestorben, alles verschlossen und verriegelt, wahrscheinlich Sommerhäuser, wir bremsen wieder ab. Von hier hat man Aussicht in ein tiefes Tal, in das wir noch herab müssen. Von nun an geht es jetzt sehr steil hinunter. Ein Tunnel folgt dem nächsten. Wir fahren teilweise kurzzeitig im Blindflug, teilweise mit automatisch sich einschaltender Tunnelbeleuchtung. Hier ist auf den Straßenbelag zu achten, denn es hat hier viele Schlaglöcher. Dann kommen wir in Compodolcino an, 1036 m bergab liegen hinter uns. Auf dem Campingplatz scheinen wir die einzigen Gäste zu sein. Wir freuen uns, dass wir hier jemanden angetroffen haben und unser Zelt aufschlagen und nächtigen können. Es ist eine riesige innere Freude, den höchsten Punkt überwunden zu haben. Kaum zu fassen, wir sind morgens losgeradelt und haben mit einer vielleicht eher inneren Leichtigkeit und Gewissheit die doch strengen Anstiege gemeistert. Vermutlich liegt die Kraftquelle in der simplen und natürlichen Tatsache, dass um uns herum überall Berge sind. Da kommt gar nicht die Frage nach alternativen Strecken ohne Steigung und Anstrengung auf. Es bedarf keinerlei Erklärungen und Motivationskünsten. Eine Klarheit stellt sich automatisch ein: Hier geht`s lang und so kommen wir hier herüber. Zumal wir bereits 8 Wochen bis hierher geradelt sind und ans Mittelmeer wollen. Das ist einfache und simple Realität. Das Glücksgefühl oben auf dem Pass und dann das Adrenalin der Abfahrt ist kaum zu beschreiben. In der Summe sind wir jetzt allerdings alle geschafft. Wir wollen nur kurz Essen, dann schlafen.

Selbst bei den Kindern stellt sich heute so etwas wie ein Verlangen nach Bettruhe ein. Solche Tage müssten Kinder eigentlich viel häufiger erleben dürfen.

Donnerstag 24. Mai Comodolcino - Sorcio 47 km

Die Nacht war ruhig und überhaupt ist es sehr ruhig, wenn man einziger Gast auf einem Platz umgeben von etlichen Wohnwagen ist, die allesamt noch unbewohnt sind und auf ihre Besitzer warten. Wir fahren heute weiter, das müssen wir, denn eine Wasserleitung wird seit dem Morgen repariert und das Wasser ist abgestellt. Zum Glück gibt es hier mehrere Toiletten mit Spülkasten, so dass wir uns absprechen, wer welche Toilette nutzen und noch einmal spülen kann. An einem öffentlichen Brunnen füllen wir unseren Wasservorrat noch einmal auf und fahren ein paar Kilometer. Eilig haben wir es heute nicht, denn ab Lirone ist die Straße noch bis 12 Uhr gesperrt. Also machen wir gegen 11 Uhr schon eine Kochpause, dann rollen wir bis zur Sperre weiter. Überhaupt geht es heute auf dem ersten Teil der Strecke nur bergab, 1000 Höhenmeter insgesamt. Vorsichtshalber haben wir schon vor dem Pass einige Bremsbeläge erneuert. Nach dem gestrigen Tag war ich jedoch positiv überrascht, wie wenig Abrieb der erste Abschnitt der Talfahrt erzeugt hat und das trotz des ja nicht unerheblichen Gepäcks. Auch die Felgen waren nicht so glühend heiß, wie ich mir das vorgestellt hatte. Wir fahren an der langen Autoschlange vorbei, die auf die Öffnung der Sperre wartet. Dann bekommen wir die Anweisung, als letzte zu fahren und die Autos zunächst passieren zu lassen. Maxi und Mathis flitzen nur so durch die Serpentinen. Michel ist auch schnell weg, wartet aber immer auf uns. Nach ca. 4 km kommt die zweite Sperre. Maxi und Mathis sind schon durch und der Gegenverkehr wird jetzt durchgelassen. Die Polizei hat wohl nicht damit gerechnet, dass wir noch einige Zeit später ankommen, obwohl Maxi es dem Polizisten versucht hat zu erklären. Egal, wir sind ja Fahrräder und Einschränkungen wegen Felssturz sind für mich nicht ersichtlich. Jetzt geht es auf einigen Kilometern weiter bergab. Wir kommen durch Dörfer und der Autoverkehr nimmt zu. Mir krampfen schon die Finger vom vielen Bremsen. Michel hat eine bessere Bremsstrategie. Er hat immer nur mit links gebremst, bis seine Hand nicht mehr konnte und ist dann auf rechts gewechselt. So hat er es uns jedenfalls erklärt. Langsam wird es jedoch flacher, wir fahren immer der Hauptstraße entlang, doch der Verkehr wird jetzt immer stärker. Eine Karte haben wir nicht, nur unser Fahrrad-Navi und ein Smartphone offline-Navi fürs Auto. So richtig Verlass war auf diese Geräte in den letzten Wochen leider nicht. Die Strategie ist, die Anweisungen des Fahrrad-Navis auf der Karte des Smartphones auf Plausibilität zu prüfen und möglichst auf

Fahrradwegen zu fahren. Dadurch wird die Wegstrecke jedoch häufig länger, was uns nach der gestrigen Anstrengung gar nicht gefällt. Wir sind schon vermeintliche und auch ausgeschilderte Radwege wieder zurückgefahren, da sie plötzlich endeten. Die Stimmung sinkt, wir sind kurz davor, die Hauptstraße zu nehmen. Im letzten Moment sind wir jedoch freundlichen Italienern begegnet, die unsere Verzweiflung wohl erkannt haben und uns ohne, dass wir sie gefragt haben, den Weg zum richtigen Fahrradweg erklärt haben bzw. vorgefahren sind. Im Nachhinein war es auch besser, denn die Hauptstraße ging durch einen Tunnel, der für uns Radfahrer bei derartigem Verkehr nicht zu empfehlen gewesen wäre. Ab Chiavenna ist es richtig heiß. Oben lag noch Schnee und unten sind wir in T-Shirt und Flipflops unterwegs. In Sorcio finden wir einen Campingplatz mit Swimmingpool und vielen deutschen Urlaubern vor, die hier die Pfingstferien verbringen.

Freitag 25. Mai Sorcio
Wir machen einen Tag Pause, d.h. unsere Wäsche muss gewaschen und Einkäufe getätigt werden. Die Kinder sind vom Pool begeistert, Michel übt wieder Schwimmen. Nachmittags fahren wir noch einmal an den Comer See und beobachten die Kiter. Eigentlich wollten wir noch Postkarten kaufen, doch wir finden kein einziges Geschäft mit derartigem Angebot. Der Pass und die anschließende Fahrt in der italienischen Hitze hat doch einiges an Kraft gekostet. Vor allem haben wir keine Aussicht auf ausgewiesene Fahrradwege, wie wir sie entlang des Rheins und durch die Schweiz kannten. Trotzdem wollen wir morgen entlang des Comer Sees fahren. Die Hoffnung ist, dass wir vielleicht doch besser unterwegs sein werden, als an unserem ersten Tag in Italien.

Sorcio bis St. Florent

Samstag 26. Mai Sorcio - Menaggio 27 km

Nach dem Pausentag wollen wir weiter, obwohl unser Campingplatz außergewöhnlich schön ist und zum längeren Verweilen geeignet wäre. Wir fahren direkt am See entlang. Hier gibt es einen beschilderten Fahrradweg bis Dongo. Der Radweg weist jedoch auch Lücken auf bzw. es gibt plötzlich keine Hinweise mehr, so landen wir gegen Mittag in einer Art Sackgasse direkt am See und müssen ein sehr steiles Stück wieder aufwärts zurück. Wir machen erst einmal eine Pause, kochen Tortellini und essen Müsli mit Haferflocken. Letztere sind in Italien nur schwer zu finden, sind für uns Radler jedoch ein wichtiger Energielieferant. Deshalb haben wir heute Morgen eine Familie aus Ulm, die sich auf die Rückreise begeben hat gefragt, ob wir Ihnen ein paar Reste abkaufen könnten. Mit dem Resultat, dass wir drei Packungen Haferflocken geschenkt bekommen haben, das war total nett. Für uns, besonders für Mathis, sind Haferflocken essentiell. Nach der Pause finden wir wieder Radwege, es gibt sogar Fahrradsymbole auf der Straße. Autos fahren hier jedoch auch und die Abtrennung für Fahrräder ist vielleicht 50 cm breit. Es gibt mehrere Tunnel, die wir glücklicherweise auf extra Fahrradwegen (der alten Küstenstraße) umfahren können. Wir haben oft eine gute Aussicht auf den See und beobachten die vielen Wassersportler, die heute unterwegs sind. Am späten Nachmittag erreichen wir Menaggio. Kurz vor dem Campingplatz begegnen wir vielen Felskletterern, die wir eine Weile beobachten. Unser Campingplatz ist eher einfach ausgestattet. Es gibt einen Zugang zum See und eine Bademöglichkeit mit Steinstrand. Die Wassertemperaturen sind jedoch noch sehr frisch. Wir gehen trotzdem kurz hinein. Maxi macht uns auf eine riesige schwarze Qualmwolke auf der gegenüberliegenden Seite des

Sees aufmerksam. Kurze Zeit später hört man zwei aufeinanderfolgende Explosionen. Was genau passiert ist, wissen wir nicht. Nach ca. einer dreiviertel Stunde wird der Qualm weiß. Wir müssen morgen unbedingt eine Zeitung kaufen, sagen die Kinder. Was dort passiert ist, haben wir bislang nicht in Erfahrung gebracht.

Unsere Zeltnachbarn sind ein 71 jähriger Holländer, der mit dem Rad von Rom gestartet ist und zurück nach Amsterdam fährt und eine junge Familie. Es stellt sich heraus, dass der Familienvater gebürtig aus Wesseln bei Hildesheim kommt. Wie klein die Welt doch ist.

Wie es morgen weitergeht, wissen wir noch nicht genau. Eigentlich war das Ziel Como, doch es gibt anscheinend keinen richtigen Radweg und die Straße ist eng und viel befahren. So rät uns der Campingwart von unserem Plan, an der Straße zu fahren, ab. Viel zu gefährlich meint er, vor allem für die Kinder.

Sonntag 27. Mai Menaggio - Como

In der Nacht werden wir Erwachsenen durch starkes Rauschen und von hellen Blitzen geweckt (die Kinder schlafen fest und gut weiter). Der Wind fegt im wahrsten Sinne über uns hinweg, unser Zelt steht glücklicherweise optimal windgeschützt. Warum sich über uns alles biegt und gerade unser windanfälliges Zelt fast still steht, verstehe ich nicht, da haben wir offensichtlich großes Glück. Auf dem See entwickeln sich große Wellen, die am Ufer abrollen. Daher stammt das Rauschen. Unglaublich, dass ein solcher Sturm auf einem See herrschen kann. Wir sind froh, Glück gehabt zu haben, das nehmen wir gerne an. Am Morgen ist es wieder windstill, die Sonne scheint und es ist schon heiß. Wir packen unsere Sachen zusammen und frühstücken. Unser 71 jähriger Nachbar ist schon längst weitergefahren. Ab Mittag, so sagte er, ist es ihm zu warm zum Radeln, deshalb fahre er um 5:00 Uhr morgens los. Ich finde es eigentlich schon jetzt gegen 10:00 Uhr zu heiß. Wir fahren jetzt erst einmal in das kleine Dorf und dann weiter zum Fähranleger. Unser neuer Plan ist, ein Boot bis nach Como zu nehmen. Die Alternative wären über 50 km Strecke entlang des Sees mit Autoverkehr und starker Hitze gewesen. Einen Campingplatz gibt es nur kurz hinter Menaggio, danach kommt nichts mehr, wo man eine Zwischenstation hätte machen können. Nach unseren Erfahrungen in Gaienhofen am Bodensee fragen wir am Terminal nach, ob das Schiff denn heute fährt. „Ja, das Schiff fährt", wird uns bestätigt. Dann die nächste Frage auf Englisch, ob denn auch Fahrräder transportiert werden. Das sei kein Problem. Als es dann jedoch konkreter wird und die Frau unsere 5 vollgepackten Drahtesel sieht, ist sie sich da nicht mehr so sicher. Sie greift zum Telefon und ruft den Kapitän an. Das Gespräch geht hin und her, ich verstehe gar nichts. Es liegt irgendwie so etwas in der Luft wie: entweder der Kapitän gibt grünes Licht und wir schaffen es heute bis Como oder wir müssen wieder neu planen und Alternativen finden bzw. haben einen sehr anstrengenden Tag vor uns. Dann kommt die Antwort: der Kapitän nimmt uns mit, wir sollen jedoch als erste an Bord. Wir lösen die Tickets und positionieren unsere Fahrräder vor dem Anleger. Es legen verschiedene Schiffe an. Wir stehen hier in der prallen Sonne. Endlich kommt das Boot nach Como. Die Matrosen helfen uns mit den Rädern über die schmale wackelige Brücke an Bord. Dort müssen wir noch in den hinteren Innendecksbereich rollern, denn hier ist das Gepäck abzustellen. Dann können wir die gut 2,5 stündige Fahrt genießen. Das Schiff wechselt immer wieder die Uferseite, hält an einer kleinen Insel. Vom Wasser aus haben wir einen traumhaften Blick über den See, die Dörfer und die uns umgebenden Berge. In Como angekommen, ist es dann mit der Ruhe und Idylle vorbei. Hier ist es groß, voll und hektisch, eben ein Touristenmagnet. Maxi möchte hier schnell wieder weg. Aus diesem Grund fahren wir direkt weiter zum Campingplatz, geschätzte 5 km sind es bis dort. Zunächst durch die Innenstadt mit viel Verkehr. Die Italiener überholen immer sehr knapp. Am besten immer schön rechts fahren, doch genau dort befinden sich immer wieder Kanaldeckel, die viel zu tief abgesenkt sind. Auf dem Fahrrad fühlt sich das an wie auf einer Marterstrecke. Da kommt noch ein Schlagloch, mein Spanngurt löst sich und ich bremse sofort ab, denn unsere Verpflegungstasche wollte ich nicht verlieren. Auch unser Navi scheint ein wenig zu viel durchgerüttelt worden zu sein. Wir fahren plötzlich steil bergan, entgegen kurvigen Einbahnstraßen. Die Distanz ändert sich auf ca. 10 km. Mangels Karte fahren wir nach Anweisung des Navis weiter. Schließlich landen wir mit Hitze und Staub abgekämpft in einem Industriegebiet kurz vor dem Kreisel auf einer Schnellstraße. Ziel erreicht, heißt es. Wir befürchten schon, dass es den Campingplatz nicht mehr gibt. Dann sehen wir ein Wohnmobil vom Kreisel abbiegen und finden ihn glücklicherweise doch. Der Platz wirbt mit einem kleinen Pool. Von weitem sehen wir ein blaues Becken, eine Abkühlung können wir jetzt alle gebrauchen. Dann kommt die Ernüchterung, denn in dem Becken ist noch kein Wasser. Deshalb nehmen wir eine kalte Dusche und sind danach auch alle erfrischt. Wir bauen unser Zelt auf, kochen und der Tag geht langsam zu Ende. Noch vor Mitternacht werden wir wieder geweckt. Es leuchtet immer wieder taghell im Zelt und es donnert. Ein Gewitter nähert sich uns. Wir warten zunächst ab, dann folgt der Donner jedoch immer schneller dem Blitz, zusätzlich dreht der Wind auf. Wir wecken die Kinder und gehen hinüber in das Toilettenhäuschen. Es donnert und blitzt weiter, starker Regen prasselt und trommelt auf das Zelt nieder. Nach ca. einer halben Stunde zieht die Front ab und wir kehren ins Zelt zurück. Glücklicherweise ist dort noch alles soweit trocken. Im weiteren Verlauf der Nacht ziehen immer wieder neue

Fronten an uns vorbei. Selbst in der Morgendämmerung gewittert es noch. Unser Zelt ist unterflutet. An den Außenwänden sind die Schlafsäcke nass. Die Schlafmatten sind auch nass geworden. Beim Ausstieg aus dem Zelt sehen wir, dass die gesamte Wiese unter Wasser steht. Wir bringen unsere Sachen unter ein Vordach eines Bungalows (alle noch unbewohnt) und frühstücken dort, der Regen hält noch immer an. Nach einer Stunde hört es auf zu regnen. Die Sonne kommt heraus und wir nutzen dies und die meiste Ausrüstung trocknet wieder in der Sonne.

Montag 28. Mai Como - Genua

Unsere bisherigen Fahrrad-Erfahrungen in Italien waren nicht wirklich überzeugend. Meistens führte uns der Weg entlang der vielbefahrenen Hauptstraße. Unser Fahrrad-Navi ist nicht wirklich in Italien zu Hause und Karten haben wir auch keine. Campingplätze werden auf dem weiteren Weg rar. Nur einer zwischen Como und Genua. Wir entscheiden uns Zug zu fahren. D.h. wir fahren zunächst noch einige km durch den morgendlichen Coma (das Wort ist Programm) Berufsverkehr. Die Passage bestätigt unsere Entscheidung. Als Fahrradfahrer muss man hier irgendwie im Verkehr mitschwimmen, die Abstände zu den überholenden Autos sind immer sehr eng bemessen, das Tempo ist eher schnell, gebremst wird selten und wenn, dann kurzfristig und scharf. Auf jeden Fall haben IMMER die Autos Vorfahrt! Wir kommen heile am Bahnhof an und erkundigen uns nach Verbindungen und Fahrkarten. Der Schalter ist geschlossen, doch im Tabak- und Zeitschriftenladen gibt es auch Infos und Fahrkarten, in englischer Sprache.

Wir fahren mit dem Regionalzug zunächst nach Milano. Der Zug hat einige Verspätung (wie es ja bei uns zu Hause auch üblich ist), nach gefühlten 100 für uns nicht verständlichen Lautsprecheransagen und 30 Minuten Verspätung rollt er jedoch ein. Ein moderner Zug, ähnlich unseren S-Bahnen. Wir können mit den Rädern ebenerdig hineinrollen, müssen uns jedoch ein wenig aufteilen, da schon einige Fahrräder an den vorgesehenen Stellen parken. Dann geht es zügig bis Milano. Wenn man wochenlang mit dem Rad unterwegs ist, verändert sich das Geschwindigkeitsempfinden - 100 km/h - gefühlt als sitze man in einem Düsenflieger. In Mailand gibt es einen Kopfbahnhof, der Wechsel von einem Gleis zum anderen ist hier wirklich angenehm, da ebenfalls ebenerdig. Die Anzeige mit den verschiedenen Zügen und Zuggesellschaften will jedoch genau gelesen werden. Wir steigen um Haaresbreite in den falschen Zug ein. Wieder ist uns ein freundlicher Italiener mit Informationen behilflich. Wir müssen noch einige Zeit auf den Regionalzug nach Genua warten.

Dieser wird schon eine Viertelstunde vor Abfahrt bereitgestellt, so dass wir die Räder in den Fahrradwaggon schaffen können. Dazu müssen sie zwei Stufen hochgetragen werden und durch eine schmale Tür in das Extra-Abteil geschoben werden. Es gibt nur ein Fahrradabteil für den gesamten Zug. Dieses befindet sich am Ende des Zuges. In dem Abteil gibt es Halterungen an der Decke, in die die Vorderräder einzuhaken sind. Da wir unser Gepäck jedoch nicht abgesattelt haben, stellen wir die vollbepackten Räder einfach so ab und lehnen sie gegeneinander und an den Wänden an. Kurz vor Abfahrt steigen noch zwei Fahrradwanderer zu. Andreas und Katrin aus der Schweiz. Wie wir, sind sie unterwegs nach Korsika. Andreas ist schon viel mit dem Rad herumgekommen, er geht schon auf die 80 zu, was man ihm jedoch nicht ansieht. In Genua verlassen wir zusammen den Zug und fahren zum Fähranleger, was sich jedoch trotz Andreas Ortskenntnis nicht so einfach gestaltet, da sich seit seinem letzten Besuch vor einem Jahr viel verändert hat. Der Radweg ist aufgrund einer Baustelle gesperrt, wir müssen wieder durch den Feierabend-Berufsverkehr. Im Hafen angekommen, kaufen wir Tickets für die Nachtüberfahrt nach Bastia. Für Fahrräder ist auf der Fähre immer Platz. Nur der Fahrstuhl vom Terminal hinunter zum Anleger ist sehr knapp bemessen. Ein Fahrrad passt hier nur zu 90 % hinein. Die Fähre ist schon abfahrbereit und wird bestimmt nicht auf uns warten. Also schieben wir unsere Packesel bzw. besser gesagt bremsen wir unsere Räder die Treppen herunter und sehen zu, dass wir über die Rampe auf die Fähre kommen. Die Räder werden mit Seilen gegen evtl. aufkommenden Seegang gesichert. Wir beziehen unsere Kabine und gehen an Deck, um das Ablegen zu beobachten. Mittlerweile ist es dunkel. Die Fähre verlässt den Hafen, die Lichter Genuas sind noch zu sehen, als wir in unseren Kojen verschwinden.

Dienstag 29. Mai Bastia - St. Florent 30 km 630 Hm

Früh am Morgen werden wir wach, die ersten Sonnenstrahlen erhellen unsere Kabine. Die See ist ruhig, das Wasser blau und es ist Land zu sehen, die nördliche Landspitze Korsikas, Cap Corse. Es dauert nicht lange und es ertönt eine Durchsage aus dem Lautsprecher. Zunächst auf Italienisch, dann Französisch und Englisch. Die sinngemäße Übersetzung: "Bitte verlassen Sie die Kabinen, wir erreichen Bastia in kurzer Zeit". Wir gehen an Deck und sehen das Land und den Hafen immer näher kommen. Ein Lotsenboot kommt längsseits, der Hafenlotse kommt an Bord und nur eine viertel Stunde später liegen wir im Hafen, die Ladeklappe geht auf und wir radeln die Rampe hinunter. Wieder Land unter den Rädern, wir sind auf Korsika! Es ist 7:30 Uhr, der Tag fängt erst an und wir planen auf die Westseite nach

St. Florent zu fahren (was laut Andreas - mittlerweile E-Bike-Fahrer - sehr schnell zu erreichen ist), um dort unser Zelt aufzuschlagen und ein paar Tage zu verweilen. Die Entfernung beträgt nur 30 km, der Anstieg ist mit 630 Hm auf 10 km jedoch sehr sportlich. Zunächst geht es durch die Einkaufsstraßen von Bastia, immer bergan. Im letzten Sparmarkt vor dem Stadtausgang kaufen wir noch ein wenig Verpflegung und Wasser ein. Heute wird es sehr heiß. Auf den ersten 1,5 km sind wir schon mächtig ins Schwitzen gekommen und das um 8:00 Uhr morgens! Weiter geht es, immer bergan. Ein Korse spricht uns an und fragt, wo wir hin wollen. Er meint, nach St. Florent gehe es noch lange steil bergan. Er fragt, wie wir das mit unserem Gepäck und ohne E-Antrieb schaffen wollen (wenn der wüsste, wo wir herkommen). Wir fahren trotzdem weiter. Einige Anstiege sind gefühlt steiler als der Splügenpass. Wir müssen häufig schieben, da wir aufgrund des Autoverkehrs nicht die gesamte Straßenbreite zum Slalomfahren nutzen können. Nach 2/3 des Anstiegs machen wir eine längere Pause. Hier haben wir einen traumhaften Ausblick hinunter zur Ostküste. Alleine dafür hat sich der Weg schon gelohnt. Dann wird es noch einmal anstrengend. Die letzten 200 Höhenmeter bis zum Gipfel, von wo wir sowohl die Ost- als auch die Westküste sehen können, sind geschafft. Ein herrlicher, wunderbarer Augenblick. Jetzt geht es nur noch bergab, in Serpentinen, steil, immer mit Blick auf die Bucht St. Florent. Wir flitzen durch ein kleines Dorf, bremsen ab, da Qualm neben der Straße aufsteigt. Wir wollen schon mit unseren Wasserflaschen löschen, bis wir merken, dass das Feuer wohl von den Dorfbewohnern angelegt wurde, um Grünschnitt zu verbrennen. Dann folgt eine Schlucht mit malerisch geschwungenen Felswänden und wir erreichen die kleine Hafenstadt St. Florent. Ein wenig außerhalb in einer kleinen geschützten Bucht befindet sich der Campingplatz. Jetzt sind wir am Ziel angekommen! Hier werden wir ein paar Tage verweilen und schwimmen, schnorcheln, wandern und joggen. Die Luft (Zederngeruch mit heißem Staub) genießen, Andreas und Katrin besuchen und natürlich Fahrrad fahren.

Korsika

Mittwoch 30. Mai St. Florent Tag 2 Korsika

Es ist trocken und warm, eine Wohltat im Vergleich zu dem nassgeregneten, kalten, menschenleeren Campingplatz in Como. Der Geruch von trockenem Sand, Meerwasser und Rosmarin ist wundervoll. Gleich morgens machen sich die Kinder auf den Weg zum Strand und richten sich ein Basislager auf dem im Meer liegenden Felsen ein. Von dort aus baden, schnorcheln, sonnen sie sich den ganzen Tag und sind glücklich und zufrieden. Abends spazieren wir Richtung des nahe gelegenen Leuchtturms auf einem kleinen verwunschenen Pfad, teilweise am Meer entlang, teilweise am Felsen, teilweise auf Sandwegen. Wir beobachten riesige Ameisen, die emsig und arbeitsam eifrig hin und her laufen und sich gegenseitig irgendwelche Sachen übergeben. Irgendwo findet Maxi einen blauen Fender, den er zwischen Felsen feststeckend, herauszerrt. Der muss mit, unbedingt! Der muss zur SEEQ und wird deshalb im nächsten Paket zwischen Keksen für die Klassenkameraden und leckerem Milchkaffee als 8 kg Paket für 35,50 € heimgeschickt. Mathis findet einen Autoreifen, den er dann mindestens 2 km auf unwegsamen Weg zum Campingplatz zurückrollt und auf den letzten Metern auf dem Gepäckträger transportiert. Mathis ist sehr glücklich und stolz, diesen schweren Reifen allein soweit transportiert zu haben. Und wir haben einen zusätzlichen Sitz am Platz.

Donnerstag 31. Mai St. Florent Tag 3 Korsika

Am nächsten Morgen machen Mathis und Michel Frühsport. Sie joggen den bekannten Weg von gestern und baden im Meer, sogar vor dem Frühstück. Wir erkunden St. Florent, den kleinen schmucken Hafen mit den Segelbooten, das hübsche Städtchen und kaufen ein.

Nachmittags bauen Michel und Mathis am Strand und leiten ein Bächlein um. Maxi ist erschöpft und ruht sich aus.

Freitag 1. Juni St. Florent Tag 4 Korsika
Motto: "Von allem lernen, was einem im Leben begegnet."
Diesen Morgen machen alle drei Kinder Frühsport, dieser war jedoch relativ schnell beendet, da Maxi komplett in einen modrigen Tümpel hineingestolpert ist. Er springt sofort inklusive Anziehsachen ins Meer, da es ihm gar zu arg gestunken hat. Der Arme, er hat sich sehr erschrocken und zudem das Handgelenk verstaucht. Für seine Kleidung ist es gut, dass an diesem Tag Waschtag ist und alles sogleich vom Geruch befreit wird. Die Sonne scheint und alles trocknet schnell auf der zwischen den Pfählen gespannten Leine.

Nachmittags treffen wir Katrin und Andreas in einem Café in St. Florent. Es ist herrlich mit den beiden, sie sprühen vor positiver Energie. Weiterhin statten wir der Zitadelle und der kleinen Kathedrale einen Besuch ab. An diesem Tag fällt mein Handy zum hundertsten Mal auf den Boden (da ich es immer zum Fotografieren benutze). Diesmal so unglücklich, dass das Display für immer schwarz bleibt.

Franks Segelfreund, der Michael, hat uns per Mail von seinem Buch-Projekt berichtet.

Die Bucht in St. Florent

Samstag 2. Juni St. Florent Tag 5 Korsika

An diesem Morgen gehen wir alle fünf noch vor dem Frühstück im Mittelmeer baden. Mathis sagt: „Es macht richtig Spaß mit dir zu rangeln". Das ist mir eine Ehre. Am Strand gibt es viele ca. 4 cm lange violett-blaue, feine Lebewesen mit vielen kleinen „Füßchen", eine Mischung zwischen Pflanze und Tier.

Danach gehen wir zur nahegelegenen Segelstation und Frank leiht sich eine 420er Jolle aus und segelt mit Mathis und Maxi bei relativ starken Wind hinaus. Zu Mittag gibt es Couscous, Salat, Gurken, Möhren und Nudeln, was Michel und ich zuvor eingekauft haben. Es folgt eine wunderschöne Pause, in der Michel schläft und Maxi und Mathis sich gegenseitig aus ihren Tagebüchern der letzten 11 Wochen vorlesen. Abends sammeln wir viel an Plastikmüll vom Strand auf, die Kinder initiieren diese Aktion und sind motiviert bei der Sache. Maxi will einiges auf seiner Kamera sortieren. Er hat viele Videos für die Jahresarbeit gemacht. Irgendwie drückt er „formatieren" und ist tief traurig und untröstlich, als all seine mühselig hergestellte Arbeit weg ist.

Sonntag 3. Juni St. Florent Tag 6 Korsika

Michel ist surfen, das macht ihm richtig Freude und er hat auch ein ziemlich gutes Gefühl dafür. Sonst ist dies wieder ein Schnorcheltag. Maxi und Mathis telefonieren mit ihrem Freund F., sie wollten für ihn eine große Muschel finden. Frank verkündet, dass wir am nächsten Tag abreisen werden, daraufhin sind alle ganz traurig. Die Kinder könnten ewig so leben. Zum Abschied essen wir erstmalig in einem Restaurant. Maxi zeigt uns noch den Tümpel, in den er zuvor hineingefallen war. Nachts regnet es, so dass es auch im Zelt nass wird, da es windet. Das macht den Abschied erträglich.

Montag 4. Juni St. Florent - Bastia Tag 7 Korsika 30 km

Da der Hinweg von Bastia nach St. Florent so beschwerlich war mit 630 Höhenmetern auf wenigen Kilometern, haben wir überlegt, mit einem Quad das gesamte Gepäck bis auf den Gipfel zu transportieren. Dies erweist sich jedoch als unrealistisch und sehr teuer, sodass wir uns entscheiden, den gesamten Weg wie gewohnt mit Gepäck und eigener Muskelkraft zu fahren. An diesem Tag regnet es. Wir schicken noch 4,5 kg Gepäck heim und begeben uns von 12-16 Uhr an den Aufstieg. Bei Regen pausieren wir unter einem dichten Kirschbaum. Die Kinder sind kraftvoll und unter Motivationshupen einiger Autofahrer geht es immer weiter. Im Abhang finden die Kinder ein abgestürztes Auto aus den 80er Jahren aus Winneden, welches unbedingt inspiziert werden muss, das Nummernschild wird mitgenommen. Auf dem Gipfel angekommen, haben wir wieder die einmalige Aussicht auf die Ost- und Westküste Korsikas. Danach geht es nur noch bergab bis zum Campingplatz in Bastia. Dort filmt Maxi nochmal die Dinge, die er bei der Jahresarbeit vorstellen will. Abends springen die Kinder noch einmal ins Meer, obwohl es windig und bedeckt ist.

Dienstag 5. Juni Bastia Tag 8 Korsika

An diesem Tag bleiben die Kinder am Strand, schnorcheln und schwimmen. Mathis findet eine Taucherbrille tief unten im Meer. Frank fährt zum Handydoktor und lässt mein Display für viel Geld reparieren, während ich einkaufen fahre. Abends schauen wir uns die Sterne an. Hier im Süden stehen sie ganz anders, als bei uns im Norden. Dies zu erleben ist ein anderes Gefühl, als es zu wissen.

Wir geben unser Paket auf.

Mittwoch 6. Juni Bastia - Livorno Tag 9 Korsika 10 km

Morgens regnet es ein paar Tropfen; da wir glücklicherweise schon die Schlafsäcke und Isomatten eingepackt haben, ist - Schwupps - auch das Zelt trocken verstaut. Zunächst springen wir alle nochmal ins

Mittelmeer, außer Frank, denn ihn fröstelt. Los fahren wir weiter bergauf nach Bastia zur Post, zum Spar, zur Apotheke, zum Zeitungsladen und zum „Orange", wo Frank mir eine neue Schutzhülle fürs Handy kauft. Am Fährhafen erstehen wir glücklicherweise noch Tickets. Wir wollen nach Livorno, da Maxi gerne mal nach Pisa will. Die Kinder bekommen Aufkleber „CORSICA FERRIES 50" von 2018. Sie sind sehr glücklich damit. Von den Aufklebern 2017 klebten viele an umherstehenden Pfählen, von dort wurden einige entfernt und ebenfalls mitgenommen.

Auf der Fähre lernen wir Holländer kennen. Sie wollen ebenfalls zum Campingplatz Livorno. Michel und Mathis vergnügen sich auf der Fähre im Bällebad. Mathis verstaucht sich den rechten Daumen, er hat tagelang Schmerzen. Von der Fähre runter kommen wir zunächst nicht, weil wir von Autos zugeparkt wurden. Wir müssen sehr lange warten. Endlich, als wir Zugang zu unseren Fahrrädern bekommen, geht es mit wahnsinnig viel Verkehr die 5 km lange Industriestraße entlang. Unser Navi versagt, es will uns gerade auf die Autobahn führen, als wir dies Gott sei Dank noch rechtzeitig bemerken, flüchten wir an einen Imbiss. Frank erkundigt sich mit seinem Nicht-Italienisch, wie wir jetzt zu dem 1 km Luftlinie entfernten Campingplatz kommen können. Mittels Skizze macht uns der Italiener klar, wo es jetzt lang gehen soll. Er ist sehr hilfsbereit. Am Campingplatz angekommen, sehen wir auch die Niederländer wieder. Hier ist es eng und fühlt sich etwas unfrei an. Der Strand nah am Industriehafen ist nicht so schön, das Wasser ist nicht so sauber und klar wie auf Korsika. Trotzdem scheinen tagsüber viele Menschen hier zu sein, da Liegen in geordneten Reihen jedes Fleckchen ausnutzten. Abends um 20:00 Uhr, als wir ankommen, ist es menschenleer.

Livorno bis Innsbruck

Donnerstag 7. Juni Livorno - Pisa 25 km

Morgens fragen uns unsere Zeltnachbarn, ein junges österreichisches Paar, ob sie uns Wasser kochen können. Das geht mit einem elektrischen Wasserkocher deutlich schneller, als mit unserem Brennspirituskocher. Dies nehmen wir dankbar an und freuen uns über so viel Aufmerksamkeit der Mitmenschen. Unsere aufblasbare Wassermatte legen wir „for free" an den Strandeingang, denn für uns soll es ja jetzt erst mal weg vom Meer ins Landesinnere gehen. Nach dem letzten Baden im Mittelmeer fahren wir um 10:40 Uhr los. Leider kann Michel nicht lange fahren und wir müssen wieder eine Essenspause einlegen, welche Frank jedoch auch zu Gute kommt. Alles wird aufgegessen, wir haben nichts mehr zu essen. Gestärkt fahren wir ohne Pause die weiteren 20 km bis Pisa durch. Dort treffen wir erneut unsere bekannten Holländer. Da wir schon um 13:00 Uhr am Campingplatz ankommen, besuchen wir, nachdem das Zelt aufgebaut war, noch am selben Tag die „Campanile Piazza del Duomo" bzw. den Ort, an dem sich der Schiefe Turm, der Dom, das Baptisterium (die Taufkirche) und das Camposanto Monumentale (der Friedhof) befinden. Maxi, Mathis und ich wollen auf den Schiefen Turm. Michel will nicht und so bleibt Frank mit ihm unten. Unter militärischer Bewachung stehen wir in der Warteschlange. Es darf nicht die kleinste Tasche mit hinaufgenommen werden. Spannend ist der Weg nach oben. Zunächst geht es sehr beschwerlich treppauf, dann wieder sehr leicht und unangestrengt, obwohl die Höhe der Treppenstufen stets dieselbe ist. Oben angekommen, haben wir einen herrlichen Blick über Pisa, wo von 90.000 Einwohnern ca. 40.000 Studenten sein sollen, da sich in Pisa einige Eliteuniversitäten/-Schulen befinden. Zugang zum Dom bekommen wir an diesem Tag nicht. Man benötigt Tickets, die den Besuch für eine bestimmte Uhrzeit festlegen.

Freitag 8. Juni Pisa

An diesem Morgen wird Wäsche gewaschen. In dieser Zeit vergnügen wir uns schwimmend im Pool. Danach erkunden wir Pisas Altstadt mit ihren kleinen Gässchen, vorbei an kleinen unauffälligen Läden (außer den Touristenläden, die sind auffällig an jeder Ecke), einer im Hinterhof unscheinbar liegenden Fahrradwerkstatt, sowie Unigebäuden und Kirchen. Am Fluss Arno essen wir ein leckeres italienisches Eis. Auf dem Rückweg besichtigen wir den Dom Santa Maria Assunta (Freskomalerei) mit der bekannten Kuppeldecke „Maria in der Glorie" von Girolamo Riminaldi. Alle Gebäude dieses Platzes wurden aus Carrara-Marmor gebaut.

Samstag 9. Juni Pisa-Firenze-Prato-Bologna-Verona

In Pisa am Bahnhof wollen wir Fahrkarten bis Venedig kaufen. Dies ist aus uns unerklärlichen Gründen nicht möglich. Also müssen wir flexibel bleiben und umplanen. Wir kaufen zunächst Tickets bis Bologna, da wir nicht vorhersehen können, ob wir mit Rädern und Gepäck alle Anschlusszüge bekommen. Alles ist erstaunlicher- und erfreulicherweise gut gegangen, so dass wir um 17:30 Uhr in Verona ankommen. In Verona ist es heiß, heiß und heiß. Das Navi fühlt sich pudelwohl, überall Radwege und Maxi, unser Navigator, findet den Weg zum Campingplatz ohne Probleme. Er liegt 150 Höhenmeter oberhalb der Stadt. Anstrengend ist das bei der Hitze, aber dafür ist es ein herrlicher Campingplatz, terrassenförmig angelegt und üppig mit Pflanzen bewachsen. Ein übender Cellist in einem öffentlichen Aufenthaltsraum rundet das perfekte italienische Ambiente ab. Ein deutsches Ehepaar spricht uns an und fragt, wie man denn solange unterwegs sein könne, wo und wie wir waschen, kochen, uns versorgen würden etc.. Sie wären mit 3 Kindern schon bei einer Woche Urlaub ausreichend bedient gewesen. Ganz im Gegenteil dazu lernen wir eine Familie aus Frankreich kennen. Sie ist Französin, er Belgier. Sie sind mit 2 kleinen Kindern (4 und 6,5 Jahre) 16 Monate unterwegs und wollen über Griechenland und Asien reisen. Sie reisen mit Hase-Bikes mit viel Gepäck und die Kinder werden gefahren, d.h. sie sitzen vorne im Sitz. Wir sehen, dass so eine lange Reise nichts für Michel ist. Er kann solange nicht ohne seine Freunde sein. Er möchte eigentlich immer heim. In Verona bauen wir nur das Innenzelt auf. Trotzdem ist es sehr warm, auch nachts noch 20° C. Die Grillen und Zikaden zirpen lautstark.

Sonntag 10. Juni Verona

Morgens beim Frühstück genießen wir von „unserer Terrasse" aus die Aussicht über Verona. Über den Terrassencampingplatz gehen wir durch das „Tunneltor", den Fußgängerausgang hinunter in die Altstadt. Schnell sind wir da. Wir wollen eigentlich das Amphitheater besichtigen, doch wir treffen das deutsche Ehepaar, welches uns berichtet, dass es dort keine Führung gibt. Da es im Amphitheater so voll ist, entscheiden wir uns für eine Sightseeing-Tour in einem Open-Air-Bus durch Verona. „Hop on hop off", so können wir an verschiedenen Punkten aussteigen und z. B. im Aldi Essen und Trinken kaufen oder eine Kirche besichtigen. Es ist so heiß und wir wünschen uns Wasser. In die Etsch können wir nicht, denn sie ist ein reißender Fluss durch Verona. Auch die Springbrunnen in der Stadt sind abgesperrt. So entsteht die Idee, zum Gardasee zu fahren. Nach der Sightseeing-Tour steigen wir die steile Marmortreppe hinauf zum Campingplatz. Oben angelangt haben wir alle Kopfschmerzen. Auch im Dunkeln ist der Ausblick über Verona wunderschön.

Montag 11 Juni Verona - Peschiera 30 km

Endlich sitzen wir wieder im Sattel! Es ist sehr heiß. Zunächst geht es bergab durch Verona hindurch, dann jedoch 30 km an der Hauptstraße entlang. Zwischendurch machen wir halt an einem kühlenden Supermarkt, wo wir Literweise Buttermilch trinken, bevor wir den lang ersehnten Gardasee erreichen. Pfingstferien sind vorbei und Sommerferien noch nicht in Sicht, deshalb sind wir sehr ernüchtert, als wir feststellen müssen, dass alle Campingplätze belegt sind! Es gibt zwar Zelt-Notplätze, die leider für unser Zelt zu klein sind. Da wir nicht viele Ambitionen zu suchen hatten, nahmen wir den nächstbesten Campingplatz. Dort standen wir neben einem Dieselaggregat und einem (Nacht-) Restaurant. Hier hat Michel es nicht mehr ohne seine Freunde ausgehalten. Er hat mit Lars telefoniert und war dann wieder guter Dinge.

Dienstag 12. Juni Peschiera-**Venedig**-Peschiera – Ausflug mit dem Zug (Auszug aus Mathis` Tagebuch)

Heute Morgen um 7:59 Uhr waren Michel und ich im See, Michel traute sich am Anfang nicht, dann überwand er sich und wollte dann immer wieder. Leider kamen nach dreimal Springen Schwäne. Als Mama ging, kamen sie nach 45 Sekunden wieder, sie wollte nämlich auch in den See. Heute ging sie auch ein bisschen schneller ins Wasser.

Beim Frühstück hatte Maxi die ganze Milch ausgetrunken, deswegen musste er auch eine neue kaufen. Auf dem Campingplatz gibt es einen sehr sehr großen Einkaufsladen.

Als wir zum Bahnhof fuhren, freute ich mich schon auf Venedig. Auf dem Bahnhof war es entspannt. In der Mitte der Zugfahrt war mir übel. Wir fuhren mit dem Zug über einen Damm bis nach Venedig, als wir auf einer Brücke standen, schauten wir 15 Minuten auf die Kanäle. Man sah auf dem Kanal mit Kurven ca. 40 Schiffe. Hier ersetzt man Schiffe gegen Autos und Busse und Taxis. Hier gibt es viel mehr „Taxis", also kleine Boote, als „Busse" d.h. große Boote.

Wir schlenderten weiter und entdeckten einen Laden, wo wir was zu Trinken kauften. Als wir noch weiter in die Stadt eindrangen, wurden die Gassen dünner. Hier gibt es alles was man braucht oder auch nicht braucht. Maxi, Michel und ich waren in einem Hardrock Café. Einmal haben wir uns verlaufen. Das Wetter wurde immer schlechter, aber es fing nicht an zu regnen. Als ich schon zurück wollte, sagte Papa, hier gibt es einen sehr berühmten Platz, also gingen wir auch noch dahin. Das Wetter wurde von Sekunde zu Sekunde besser. Wir fuhren mit dem Wasserbus zurück und entdeckten viele neue Sachen, z.B. einen Privatanleger an einem Hotel. Auf dem Bahnhof kauften wir für jeden, außer für Mama, ein Pizzastück. Mama hatte dafür ein

Kaffee. Am Campingplatz noch ein doller Schauer. Jetzt ist das Zelt wieder fast trocken. Es ist 22:15 Uhr.

Mittwoch 13. Juni Gardasee - Verona - Brenner - Innsbruck
mit dem Zug (Auszug aus Maxis Tagebuch)
Heute fuhren wir weiter. Erst fuhren wir zum Bahnhof und kauften ein Zugticket bis zum Brenner. In den ersten beiden Zügen war das Fahrradabteil voll. Mit einiger Hast bekamen wir immer den Anschlusszug. Auf der Fahrt zum Brenner (3 Stunden) aßen, lasen und chillten wir. Auf dem Brenner angekommen, gingen wir auf Gleis 1, weil uns jemand gesagt hat, dass von dort der Zug nach Innsbruck fährt. Auf Gleis 1 erfuhren wir, dass der Zug von dem Gleis fährt, wo wir angekommen waren. Voll ärgerlich, aber egal. Wieder die Treppen runter (es gab keinen Fahrstuhl) und am anderen Gleis wieder hoch. Nach 40 Minuten kamen wir in Innsbruck an und fuhren von dort in eine Jugendherberge. Im Hauptbahnhof Innsbruck gab es einen Fahrstuhl, in den wir alle mit Gepäck hineinpassten. Vor dem Bahnhof sah ich auf einer Bustafel ein durchlaufendes Werbeband für das größte MTB – Festival der Welt: Crankworx aus Kanada. In der JH bekamen wir einige Flyer von dem Festival. Nach dem Abendessen schaute ich noch im Internet nach Anfahrt und einen Festivalplan. In der JH ist es sehr gemütlich. Das Zugfahren war sehr anstrengend und stressig. Es war ein schöner Tag. (Ewest).

Donnerstag 14. Juni Innsbruck (Auszug aus Maxis Tagebuch)

Heute waren wir beim Crankworx – Festival. Morgens fuhren wir mit einem kostenlosen Shuttlebus mit Fahrradanhänger und Fahrrädern hoch und kauften dort Karten. Wir Kinder waren gratis. Mama und Papa bezahlten jeder 20 €. Dann gingen wir auf das Gelände, wo wir uns die Rock Shox Pumptrack-Challenge anschauten. Dann schauten wir bei den Übungsläufen und den Rennläufen der Mons-Royale-Dual Speed and Style Challenge zu. Diese war spektakulär. Die Räder machten front- back- und side-flips. Wir hielten Martin Söderström für Fabio Wibmer und bekamen ein Autogramm. Wir machten einige Videos. Nachmittags waren wir bei der kostenlosen Frage- und Autogrammstunde beim „echten" Fabio Wibmer und seinen Freunden, wo wir ebenfalls ein Autogramm bekamen. Auch für unseren Freund F. Es war sehr anstrengend auf dem Festival, weil immer Beschallung da war. Die Pumptrack Challenge fand ich nicht so gut, wie das Dual Speed and Style. Nach der Fragestunde fuhren wir zurück zur JH und beschlossen noch eine Nacht zu bleiben. Wir mussten in ein anderes Zimmer umziehen. Ich schaute das Eröffnungsspiel der Fußball-WM Russland:Saudi Arabien. Am Ende stand es 3:0 für Russland.

Freitag 15. Juni Innsbruck (Auszug aus Maxis Tagebuch)
Heute standen Papa, Mathis und ich um 7:00 Uhr auf, um zum Kidsworx zu fahren. Auf dem Gelände angekommen, warteten wir ein bisschen, dann sagte man uns, dass die angekündigte Schulklasse nicht kommen würde und wir deshalb eine „Einzelstunde" bekämen. Natürlich gratis. Wir bekamen Equipment und fuhren mit der Gondel zur Bergstation und übten dort ein wenig. Dann fuhren wir auf den ersten Downhill-Trail. Nach dem ersten Stück fuhren wir auf einer Schotterstraße zum leichten Trail. Unten angekommen, wollten wir noch einmal fahren. Es ging wieder hoch und den ganzen Trail nochmal nach unten. Es war voll anstrengend. Dann gaben wir das Equipment ab und wir fuhren alle zum „Whipp-off" auf den Berg. Beim „Whipp-off" geht es darum, das Rad möglichst lange, möglichst schräg zu stellen (im Flug). Einmal kam der Rettungshubschrauber und holte eine Verletzte ab. Dann verletzte sich am Ende auch noch Martin Söderström. Dann gingen wir wieder zur Seilbahnstation und fuhren von dort mit der Gondel nach unten. Unten angekommen, beschlossen wir zur JH zu fahren. Dort angekommen, schaute ich kurz

Fußball und aß etwas. Dann duschte ich und schaute die erste Halbzeit Spanien:Portugal. Ewest.

Whipp-off am Speicherteich Sennalm an der Mutterer Alm Bergstation

Innsbruck bis Ammersee

16. - 27. Juni

Innsbruck hat uns allen gut gefallen, doch gibt es da noch bzw. schon die nächsten Ziele. Mathis möchte an seinem Geburtstag mit einem Gleitschirm den Berg hinunterfliegen. Zu Maxis Geburtstag wollen wir bei seinem Freund Fridolin in Augsburg sein.

Ich freue mich auf die nächsten Etappen auf den gut ausgeschilderten Radwegen in Österreich. Zunächst fahren wir auf flachen Wegen am Inn entlang, Richtung Jenbach. Unterwegs stoßen wir auf ein Besucherzentrum der SWAROVSKI Kristallwelten. Das hört sich spannend an, entpuppt sich jedoch als eine Art Kunstausstellung mit geschliffenen Kristallen - Geschmackssache -. Auf dem ausgeschilderten Radweg gibt es eine Umleitung aufgrund einer Baustelle, so dass es auch heute wieder mehr Kilometer werden, doch nach 45 km erreichen wir zwar etwas k.o. und abgekämpft, jedoch glücklich den Campingplatz in Jenbach. Dieser bietet einen kleinen Pool, der genau die jetzt benötigte Erfrischung bietet. Dann folgt wieder die tägliche Routine, die in den letzten Tagen in der Jugendherberge ein wenig in Vergessenheit geraten ist: Einen geschützten Platz finden, Zelt aufbauen, einkaufen, kochen, essen.

Abends entsteht ein heimeliges Gefühl, umgeben von Bergen, die Sterne am Firmament, ja, es ist ein starkes Gefühl hier in der Natur zu Hause zu sein.

Am Sonntag geht es nach einem Bad im Pool erst einmal steil bergan. Auch das haben wir ja seit einigen Tagen in dieser Form nicht mehr veranstaltet. Natürlich waren auch die Verpflegungstaschen wieder relativ gefüllt, denn die Geschäfte sind ja heute geschlossen. Über 400 Höhenmeter (auf 4 km) fahren und schieben wir teilweise, bis wir den höchsten Punkt erreichen. Hier ist auch die Endstation der

Schmalspur-Zahnrad-Dampflock, die schnaufend ihr Ziel erreicht. Obwohl der Anstieg für uns sehr anstrengend ist, sind doch alle bei guter Laune. Es geht in den Gesprächen um Fullys und Downhill, so dass die Zeit kurzweilig erscheint. Und dann der Anblick des Achensees: blau schillerndes Wasser, von Bergen umgeben, wie im Bilderbuch. Ein Meilenstein auf unserer Tour.

Von hier aus geht es ja sozusagen nur noch bergab bis München und Augsburg. Ein erstes Gefühl kommt auf, dass unsere Fahrradtour jetzt langsam ausklingt.

Für die Nacht ist Regen angesagt und die Herausforderung besteht darin, das Zelt ohne Heringe abzuspannen, denn der Boden ist steinhart. Maxi schleppt Steine an und befestigt die Schnüre daran – das habe er von Donald Duck gelernt – meint er. Das Zelt bleibt, dank der hervorragenden Abspannung trotz Regen die ganze Nacht trocken.

Am Morgen dürfen wir uns am Campingplatz-Restaurant untersetzen, so dass wir unsere frischen Brötchen im Trockenen frühstücken können. Das Wetter klart auf und wir beginnen unsere traumhafte Etappe am Achensee entlang bis Achenkirchen, dann durch Wälder auf Schotterwegen auf und ab, bis wir die Grenze überqueren und plötzlich wieder zurück in Deutschland sind und die Isar erreichen. Es ist jetzt wieder richtig warm, die Sonne scheint, die Kinder flippen Steine in den Fluss, was gibt es Schöneres?

Über Bad Tölz fahren wir weiter nach Lenggries. Die übliche Routine beginnt mit Einkaufen, noch ein Paket verschicken (wir benötigen immer weniger), um dann noch einige Höhenmeter zu fahren, bis zum nahegelegenen Campingplatz. Dieser ist ausgesprochen schön gelegen.

Der nächste Tag ist Mathis` Geburtstag. Michel bereitet den „Geburtstagstisch". Melanie hat Kerzen auf einer Holzscheibe angeordnet. Es gibt Rosinen und einen Gutschein zum Gleitschirmfliegen, ganz in der Nähe in Brauneck. Dort fahren wir mit unseren Rädern hin und treffen uns mit dem Fluglehrer. Die Spannung steigt und schlägt um in Enttäuschung, denn der Flug muss um einen Tag verschoben werden. Die Windstärke und Richtung sind heute ungünstig! Trotz Motivationsloch wandern wir hinauf zum Gipfel auf 1555 m üNN. Dort oben gibt es Kuchen und wir schauen zur Absprungrampe der Gleitschirmflieger. Von hier gibt es einen wunderschönen Ausblick hin bis zu den Seen, die um München gelegen sind. Wieder zurück an der Talstation findet Mathis eine Fahrradrampe, die sogleich ausprobiert wird, so dass sein Geburtstag doch noch glücklich endet.

Am 90. Tag findet Mathis' Gleitschirmflug statt. Für die gesamte Familie ein spannendes Ereignis, denn es ist das erste Mal, dass das jemand von uns macht. Und wenn es jemand macht, dann natürlich Mathis! Wieder gelandet ist ihm erst einmal schlecht und wir verbringen den restlichen Tag gemütlich am Ufer der Isar und in der Gumpe am Naturfreibad auf unserem Campingplatz.

Am Donnerstag geht es weiter bis Wolfratshausen, zunächst immer an der Isar entlang bis zum Isarstausee und dann auch einige Höhenmeter hinauf. Der Campingplatz ist schön angelegt und mit überdachten Sitzgelegenheiten ausgestattet. Wir gehen in der Isar schwimmen und im Ort ein Eis essen. Die Kinder sind schon in bester Laune und Vorfreude auf den morgigen Tag, denn es geht nach München, speziell in den Outdoor - Ausrüstungsladen. Dort haben wir im letzten Herbst viele Stunden verbracht und einige Gegenstände, z.B. einen Kocher, die ersten Satteltaschen, sowie Wollwäsche für unser Vorhaben erstanden.

Der Abbau am Morgen läuft in Rekordzeit und wir flitzen Richtung München an Feldern mit kleinen Ortschaften entlang, durch Waldgebiete, wieder an der Isar entlang und rollen schon vormittags in München Thalkirchen ein. Auch diesen Platz kennen wir schon. Gegen 13:00 Uhr sind wir im Outdoorladen. Hier gibt es eine Leseecke mit vielen Inspirationen für weitere Unternehmungen.

Samstag ist Downhillfahren eingeplant. Mein Segelfreund Florian fährt Melanie und die beiden älteren Kinder zum Bikepark Samerberg. Danach fährt er mit Michel und mir zu seinem Grundstück, auf dem es Schafe gibt. Ein schöner Ausflug für alle; Danke Florian.

Sonntag, 24. Juni ist Johannitag. Morgens besuchen wir die Gemeinde in München, nachmittags verbringen wir in Thalkirchen an der Isar, ein weiterer Segelfreund besucht uns auf dem Campingplatz. Es bleibt Zeit zum Lesen der Outdoor-Zeitung und man bekommt immer mehr Lust auf outdoor-active-Abenteuer.

Die weitere Route führt dann am Montag mit der S-Bahn 8 zum Wörthsee. Der Zustieg mit unseren Fahrrädern gestaltet sich schwierig. Um Haaresbreite hätten wir Michel alleine auf dem Bahnsteig zurückgelassen. Ich habe einfach zu lange benötigt, um mein Fahrrad in den Wagon hinein zu rangieren und dann gingen auch schon die Türen automatisch zu. Dank einiger aufmerksamer Jugendlicher, die die Tür aufhielten und Michel samt Fahrrad kurzerhand in den Waggon halfen/ hievten, ist die Aktion glücklich geendet. Melanie und die beiden älteren Jungs sind weiter vorne eingestiegen. Mit dem Rad fahren wir weiter vom Wörthsee bis zum Ammersee. Zwischendurch ernten wir die letzten Erdbeeren von einem verlassenen Erdbeerfeld. Am Ammersee ist es so warm, dass wir das Überzelt weglassen können und herrliche Luft im Zelt haben.

Kurz vor München

Einige Kilometer entfernt von unserem Zeltplatz gibt es einen Surf-
und SUP-Verleih. Michel übt dort am **Donnerstag** Surfen, wir
verbringen einen schönen Tag am Strand und fahren nachmittags
noch einmal am verlassenen Erdbeerfeld lang. Auch am folgenden
Mittwoch führt uns der Weg zunächst wieder an der Surfstation
vorbei. Michel übt und flucht, da es heute nicht so läuft wie er gern
möchte. Melanie und die anderen Kinder erfreuen sich daran, mit dem
SUP über den klaren See zu paddeln. Gegen Mittag radeln wir weiter
am See entlang zur nächsten Bahnstation. Von hier geht es mit einer
Bayerischen Privatbahn bis nach Augsburg. Auf dem Weg zum
dortigen Campingplatz bricht Mathis' Gepäckträger. Maxi nimmt
kurzerhand Gepäck von Michel ab, so dass dieser die Gepäcktaschen
von Mathis übernehmen kann. Obwohl Michel zunächst flucht, kann er
sich dann doch darauf einlassen.

Augsburg

28. Juni - 1. Juli

Der Campingplatz in Augsburg hat einen Badesee mit Surfbrettern und eine Wasserrutsche. Trotzdem machen wir hier nicht allzu lange Station, denn es soll ja zu Fridolin, Maxis Freund gehen. Also fahren wir **Donnerstagmorgen** am Lech und an der Wertach entlang und biegen Richtung Stadtbergen ab. Die Freude ist riesig, als wir am Ziel ankommen, zumal wir jetzt bei Regen wieder ein richtiges Dach über den Kopf haben dürfen.

Am **Freitag** geht Maxi zusammen mit Fridolin in die Schule, Michel spielt mit Finian und Mathis ruht sich aus.

Samstag Maxis Geburtstag

Maxi feiert seinen 13. Geburtstag. Es gibt Blumen, Kerzen, eine richtige Geburtstagstorte und gutes Wetter, so dass wir einen Ausflug in das Freibad machen. Abends gibt es selbstgemachte Pizza, ja wenn wir bei Martzys zu Gast sind, gibt es immer gutes Essen, nicht nur Nudeln mit roter Soße. So wird am **Sonntag** gegrillt, nachdem wir morgens eine von Mathis und Fridolin lange vorbereitete Fahrrad-Schatzsuche unternommen hatten. Am späten Nachmittag machen wir einen Ausflug und spielen Cross-Golf.

Colin besitzt nämlich einen Golfschläger und einige Golfbälle. Auf einem Feld wechseln wir uns dann ab und versuchen unsere Bälle möglichst weit mit möglichst wenigen Schlägen zu treiben.

Augsburg - Saale - Harz

2. - 9. Juli

Am **Montag, den 2. Juli** verabschieden wir uns von Riffka, Colin, Fridolin und Finian. Der Abschied fällt allen schwer. Es war eine schöne Zeit.

Dann fahren wir Richtung Norden. Michel benötigt wie üblich nach 11 km die erste Pause. Wie so oft denke ich, dass das doch eigentlich nicht sein kann. Wir haben gerade gefrühstückt, sind kaum warmgelaufen und müssen schon wieder rechts ran und Verpflegung aufnehmen? Im Nachhinein bin ich Michel jedoch dankbar, dass er die Pausen einfordert. So merke ich meistens erst, wenn es zu spät ist, dass ich Energie benötige, und der „Hungerast" schon eingetreten ist.

Wir pausieren also kurz am Maisfeld, fahren weiter über Felder und Dörfer, die teilweise noch mit oberirdischen Stromleitungen versorgt werden, auf denen die Schwalben aufgereiht sitzen. Eine weitere Pause machen wir an einem Petersilienfeld. Eine Petersilienschneidemaschine fährt über das Feld und ein Duft von Petersilie liegt in der Luft. Noch eine Pause genehmigen wir uns an einem kleinen aber modernen und außerordentlich gut sortierten Dorfladen, wo es frische Milch zum Abfüllen in Flaschen gibt. Dann haben wir unser Tagewerk mit 42 km für heute geschafft. Der Campingplatz in Eggelstetten hat auch einen Badesee und Surfbretter. Einchecken und Bezahlen ist an einem Automaten möglich, das haben wir vorher auch noch nicht gesehen.

Am Dienstag, den 3. Juli kommt Michels Freund Lars zu Besuch. Die Familie ist auf dem Weg nach Kroatien und macht einen Tag Pause, bevor die Fahrt weiter geht. Endlich kann Michel wieder mit seinem Freund spielen. Es ist ein sehr schöner Tag, der mit einem gemeinsamen Frühstück beginnt, begleitet und gefolgt mit Sonne, Baden, Essen und Erzählen.

Am Mittwoch geht es weiter Richtung Norden bis Donauwörth. Der Donauradweg wäre vielleicht ein lohnenswertes Ziel für eine nächste Radtour. Unser eigentliches Ziel ist jedoch der Harz, wo die Kinder noch ein paar Tage Downhill fahren möchten. Von Donauwörth gibt es eine Regionalzugverbindung über Nürnberg und Saalfeld dorthin. Die Überlegung ist, in Saalfeld eine Nacht zu verbringen und am nächsten Tag bis Goslar zu fahren. Während der Zugfahrt ereilt mich ein seltsames Gefühl. Sollte unsere Fahrradtour jetzt quasi schon beendet sein? Das kann ich mir gar nicht vorstellen! Zusammen mit Melanie gehe ich den Kalender durch und wir kommen zu dem Ergebnis, dass wir noch ein paar Tage strecken können. Dank elektronischer Karten können wir noch während der Zugfahrt die Grobroute für die nächsten Tage abstecken. Ein kurzes Telefonat mit dem Campingplatz und der neue Plan steht. Hurra, wir fahren noch ein paar Tage mit dem Rad an der Saale entlang! Also bleiben wir noch eine Stunde länger in unserem Zug sitzen und steigen in Jena aus. Dort treffen wir einen interessanten Campingplatz an. Die Rezeption ist in einem alten Straßenbahnwaggon. Es gibt Bücher zum Lesen, Lademöglichkeiten für unsere Telefone und freien Eintritt für das Schwimmbad nebenan. So besuchen wir am **Donnerstag** bei herrlichem Wetter zunächst das Freibad und danach die Innenstadt. Dort dürfen wir den Turm der St. Michael Kirche hinaufsteigen und haben einen herrlichen Überblick über die Stadt. Melanie und die beiden älteren Kinder besichtigen dann das Zeiss-Planetarium. Die Kuppel hat eine Fläche von 800 qm. Sie berichten später von einem hellen Fleck unter dem Orion-Gürtel, in dem neue Sterne entstehen. Am späten Nachmittag ziehen Wolken und Gewitter auf. Es regnet die ganze Nacht. Trotzdem können wir **Freitagmorgen** unser Zelt trocken einpacken und die erste Etappe an der Saale beginnen. Nach 10 km machen wir schon wieder die erste Pause, fahren dann weiter am Muschelkalkgebirge auf schönen Radwegen. Das Radfahren macht immer noch und immer wieder Spaß! Die Natur ist hier weitläufig und auch in den kleinen Dörfern gibt es viele Grünflächen und Bäume. Nach knapp 40 km erreichen wir Bad Kösen. Auf dem Campingplatz gibt es einen kleinen Pool und in der folgenden Nacht wieder einen sternklaren Himmel vom Feinsten.

Am **Samstag** satteln wir auf und radeln weiter an der Saale entlang. Es sind Hänge mit Weinreben zu sehen. Im weiteren Verlauf des Tages fahren wir an riesigen Feldern entlang. Auch die Häuser und Grundstücke, an denen wir vorbeifahren sind riesig und immer mit viel Grün bewachsen. Wahrscheinlich wie bei uns vor 50 Jahren.

Aus den anfangs geplanten 25 km werden heute wieder 40 km. Wir machen Station an einem überfüllten (es sind ja jetzt Sommerferien) Campingplatz, der eigentlich schon voll belegt ist. Wir dürfen trotzdem bleiben und in dem Badesee mit Riesenrutsche schwimmen.

Am Sonntag, den 8. Juli radeln wir bei Sonnenschein auf einem schön gelegenen Weg zwischen Feldern und Bäumen. Ein Teerweg, der leider sehr holprig ist, aufgrund der vielen Wurzeln, die den Teer aufbiegen. Wenige Kilometer vor Merseburg müssen wir wieder eine Pause einlegen und kaufen an einer Tankstelle ein Paket Nudeln. Wieder fahren wir über weite Kornfelder, die jetzt teilweise schon gemäht sind und nähern uns Merseburg. Die Stadt ist ruhig und wie ausgestorben. Nach der Besichtigung des Doms fahren wir zum Bahnhof und nehmen den Zug in das nahegelegene Halle an der Saale, eine große Stadt mit viel Betriebsamkeit. Noch einige Kilometer fahren wir quer durch die Innenstadt an vielen alten, ehemals stattlichen Häusern vorbei, die um die Jahrhundertwende errichtet wurden. Wir nehmen die Ausfallstraße stadtauswärts und gelangen an einen einfachen Campingplatz, der zu einem Schwimmbad gehört.

Wieder lädt das Wetter zum Baden ein und wir lassen den Nachmittag im Bad ausklingen.

Montagmorgen geht es auf unsere vorletzte Etappe nach Bad Harzburg und zwar mit dem Zug. Zunächst jedoch noch einmal durch die Stadt zum Bahnhof. In der Innenstadt kaufen wir noch ein paar Brezel und ich merke nebenbei, dass ich noch den Schlüssel vom Campingplatz besitze (15 Euro Pfand). Was nun? Unser Zug geht in einer Dreiviertelstunde. Ich entscheide mich für ein paar extra Kilometer und fahre mit Maxis Rad (ohne Gepäck) die fünf Kilometer zum Campingplatz und wieder zurück. Wir bekommen den Zug nach Bad Harzburg. Es gibt ein wenig Stress mit der Zugbegleiterin, da unsere vollbepackten Räder nicht so ganz in den dafür vorgesehenen Bereich passen. Ich erinnere ganz andere Zustände in den Italienischen Bahnen. Dort waren auf dem Weg zum Brenner ganze Gruppen mit Gepäck unterwegs und die Schaffner haben doch immer eine Lösung gefunden. Immerhin hat die Zugbegleiterin uns weiter mitreisen lassen und wir sind zusammen mit den Rädern in Bad Harzburg ausgestiegen. Von dort wollte ich eigentlich alleine mit dem Zug nach Hildesheim fahren und mit dem Auto in den Harz zurückkommen. Denn wir wollen die verschiedenen Downhill-Berge schnell und unkompliziert erreichen können.

Da fängt Michel plötzlich an zu weinen, er möchte mit mir mit. So kommen wir beide sozusagen als Vorhut schon am Montag, den 9. Juli am 109. Tag unserer Tour wieder Zuhause an. Es ist ein ganz seltsames Gefühl, wieder zurück zu sein. Hier gibt es ja Leute, die ich kenne, aber gefühlt schon ewig nicht mehr gesehen und gesprochen habe. Ich bin jedoch noch in dem Modus, Fremder zu sein. Wir waren für diesen Tag ja auch gar nicht angekündigt, also rechnet sowieso niemand mit uns. Den Anstieg auf den Moritzberg schaffen wir locker, sogar mit Gepäck hoch zu mit dem Fahrrad (normalerweise schiebe ich hier häufig, auch ohne Gepäck). Nach einigem hin- und her-packen, fahren Michel und ich mit dem Auto zurück in den Harz und treffen den Rest der Familie auf dem Zeltplatz an. Gut, dass wir noch ein paar Tage hier sind, denke ich, denn so richtig zurück in die eigenen vier Wände zieht es mich nicht.

Harz bis Hildesheim

10. - 15. Juli
Am Dienstag fahren wir nach St. Andreasberg zum Matthias-Schmidt Berg. Dort gibt es Downhill-Fahrräder und Ausrüstung zu leihen und auch gute Trails für Anfänger. Am **Mittwoch** ist Regen angesagt, wir fahren trotzdem noch einmal nach St. Andreasberg. Wir Eltern leihen uns E-Fully-Mountainbikes aus und flitzen bergauf und bergab, bis die Batterien leer sind, eine Riesengaudi. Es hat zwar zunächst leicht genieselt, doch dann kommt die Sonne wieder heraus. Abends strolchen wir über das Feld neben unserem Campingplatz. Dort gibt es herrlich duftende Strohballen, auf die wir klettern. Wir beobachten ein interessantes Wetterschauspiel mit Sonne und dunklen Wolken am Himmel bei aufziehendem Gewittergrummeln. Wird es regnen?
Am Donnerstag wechseln wir zum Campingplatz nach Goslar. Dort besichtigen wir das Bergwerk Rammelsberg und müssen wieder neue Probleme lösen: Die Batterielampe vom Auto leuchtet. Maxi fährt mit mir zum Baumarkt, doch wir kommen nicht weit. Mitten auf einer Kreuzung bleiben wir liegen. Ein Mann hilft uns noch, den Wagen zur Seite zu schieben und ich fahre mit Michels Roller weiter, was gar nicht so einfach ist mit einer Autobatterie in der Hand. Zwei Stunden später sind wir wieder zurück auf dem Campingplatz. Mit unseren Fahrrädern hatten wir solche Probleme nicht.

Am Freitag geht's hinauf nach Hahnenklee. Auch hier finden wir gute Ausrüstung und Downhill-Bedingungen vor, so dass wir hier am **Samstag** noch einmal fahren.

Für den nächsten Tag ist die letzte Etappe unserer 115 tägigen Tour zurück nach Hildesheim geplant. Melanie, Michel und ich fahren mit dem Auto und dem Gepäck zurück. Mathis und Maxi fahren die knapp 60 km mit dem Fahrrad.

Sonntag 15. Juli Goslar - Hildesheim Der letzte Tag der Tour, wir können es nicht fassen (Auszug aus Mathis' Tagebuch)

Maxi und ich machten uns mit 8 Brötchen, 500g Haferflocken und einem Liter Milch auf den Weg nach Hause. Um 10:00 Uhr fuhren wir los, wir "rasten" im wahrsten Sinne des Wortes, immer über 20 Sachen. Nach 1 Stunde 20 Minuten machten wir Pause. Wir aßen ein Müsli und gönnten uns danach 5 Minuten Hinlegen. Wir holperten über die Feldwege, in der Sonne ist es warm. Fünf Kilometer nach der Pause hatte Maxi doll Bauchschmerzen, wir machten ca. 7,5 Minuten Pause, als es ihm besser ging, fuhren wir wieder 5 km.

Wir waren 8 km vor Baddeckenstedt und wir glaubten, dass wir dort mit dem Zug nach Hildesheim fahren. Als wir dort angelangten, ging es Maxi besser und wir versuchten es bis Derneburg. Auf dem Weg waren vier Baustellen, durch drei fuhren wir einfach durch. Jetzt sind noch 19 km und Maxi ist wieder fit, denn er hat etwas getrunken.

In Hildesheim bei unserem Haus ruhten wir uns drei Stunden aus. Dann geht's weiter zur Oma. Dort schauen wir das Endspiel. Frankreich gewann mit 4:2 gegen Kroatien.

Heute in meinem Bett fühl ich mich daheim. Heute schlief ich durch. Ich bin froh wieder zu Hause zu sein - geschafft!

Zahlen und Fakten

Mit dem Fahrrad gefahrene Strecke:	2018 km
Anzahl der Übernachtungen	114
im Zelt	103
feste Unterkünfte	11
Regentage	8
u.a. Ostersonntag, Himmelfahrt u. Pfingsten	
Besuche von Freunden	6
Zurückgesendete Pakete	14 (51 kg insgesamt)
Erkrankungen	1x Magen-Darm/Kind
Bereiste Länder	6 (D,F,CH,A,FL,I)
Anzahl der aufgenommenen Fotos	6924

Fahrradreparaturen   3x den gleichen Schlauch geflickt
1x neuer Reifen
1x neuer Bremszug
9x neue Bremsbeläge
1x Schaltung eingestellt
unzählige Male Bremsen eingestellt

erster Sommertag	7. April Limburg
1000 km Marke:	7. Mai Hohen Tengen
Größte Hausnummer	8477 (in Venedig)

Fragen und Antworten

Wie haben wir von der Schule frei bekommen?
Wir stellten einen Antrag an die Schulleitung. Es folgten Gespräche mit Lehrern und Schulleitung. Für und Wider wurden abgewogen. Wir erhielten glücklicherweise eine Zusage und möchten uns dafür hiermit herzlich bedanken.
Eine Bedingung, die uns mit auf den Weg gegeben wurde, war hinterher von unseren Erlebnissen zu berichten.

Haben die Kinder Schulaufgaben bekommen?
Wir sprachen mit den Lehrkräften die zu behandelnden Themen ab.

Was haben wir gelernt?
„Wenn es friert, ist Nutella steinhart, in der prallen Sonne ist es flüssig."
Ja, wir wurden immer wieder gefragt, ob denn die Kinder auch während der Fahrradtour lernen müssen und wie sie denn den ganzen Schulstoff nachholen?
Um es vorweg zu nehmen. Alle drei haben sich nach dieser viermonatigen Schulpause wieder gut in den Schulunterricht eingefunden.
Trotzdem war die gesamte Zeit eine Lern- und Entwicklungszeit. Die Vorgaben und Anforderungen wurden jedoch von den Notwendigkeiten der Sache, der Umgebung, des Wetters, der Situation, der Kondition usw. gestellt. Man könnte auch sagen: „vom Leben selbst".
Ich möchte jetzt einige Beispiele geben:
Unser jüngster im Alter von 7 Jahren hat sich anfangs schwer mit seinem neuen Fahrrad und der Gangschaltung getan. All meine

Erklärungen wann und welcher Gang zu schalten ist, waren nicht fruchtbar. Doch mit der Zeit hat er durch Probieren und Variieren in flachen und bergigen Passagen den Dreh heraus gehabt. Auf dem Splügenpass war er ganz vorn dabei. Ob er denn den richtigen Gang geschaltet hat, war gar keine Frage mehr.

Auch das Schwimmen hat er sich so nebenbei angeeignet. Auf Korsika ist er im Meer geschwommen. Zugegebenermaßen hat er mit seinen großen Brüdern auch gute Lehrmeister gehabt.

Die beiden älteren Jungs konnten ja schon Fahrradfahren und haben eine bemerkenswerte Ausdauer an den Tag gelegt. Die Anstiege in den Alpen bzw. die Verpflegungslage in Italien (zunächst keine Haferflocken) haben sie jedoch auch an ihre Grenzen gebracht. Mit der Erkenntnis, dass Pausen und Beharrlichkeit doch ans Ziel führen.

Die Freiheit während unserer Tour hat sie inspiriert zu mehr Abenteuer in der Natur. So hegten sie Pläne, nach Alaska zu ziehen, ein Holzhaus zu bauen, jagen, fischen. Man spürt, da will etwas erlebt werden im Hier und Jetzt.

Lehrreich war auch das Reisen in fremdsprachigen Ländern. Ein Telefonanruf am Campingplatz auf Französisch. Zugfahrkarten auf Englisch in Italien. Wie kann die Notwendigkeit Sprachen zu lernen besser vermittelt werden?

Ein weiterer Aspekt ist, lernen flexibel zu sein. Da wir ja die Tagesetappen nicht genau vorausplanen konnten und wollten und folglich auch keine Unterkünfte reserviert hatten, musste für jeden Tag wieder neu geplant werden. Wo ist es windgeschützt für unser Zelt? Wann und wo nehmen wir Verpflegung auf? Welche Route fahren wir mit wie vielen Kilometern und Höhenmetern? Hier haben die Kinder sich immer wieder quasi täglich auf neue Situationen eingelassen. Sie haben uns Gepäck abgenommen, damit wir das Tagesziel doch noch erreichen konnten. Sind nochmal extra Kilometer zum Einkaufen gefahren. Unsere oft spontanen Routenänderungen und Besichtigungen wurden immer wieder heftig diskutiert, um letztendlich dann von allen gleichermaßen getragen werden zu können.

Nach und nach haben wir gelernt, dass wir vertrauen können und es immer eine gute Lösung gibt.

Hierzu einige Beispiele:
Wir bemerken, dass wir viel zu viele Sachen mitgenommen haben: Vor einem Kiosk steht ein leerer Karton und daneben befindet sich eine DHL-Station.

Wir bemerken abends, dass unser Zelt nicht dicht ist: Wir finden eine Plane auf dem Campingplatz.

Wir benötigen aufgrund Regen und Sturm eine Ferienwohnung: An diesem Tag ist genau noch eine Wohnung frei.

In Italien wollen wir entlang der Hauptstraße fahren: Ein Italiener hält uns förmlich davon ab und begleitet uns zum sicheren Fahrradweg (wir sehen später, dass wir hätten durch einen unbeleuchteten Autotunnel fahren müssen).

Die Beispiel-Liste ließe sich noch endlos fortsetzen...

Würden wir die Tour noch einmal unternehmen?
Auf jeden Fall!

Obwohl Michel es ohne seine Spielfreunde so schwer hatte, sagte er ein Jahr nach der Tour beim Durchschauen der Fotos und Lesen der Tagebücher:

„Ich möchte so eine Tour noch mal machen – das war so schön Mama!"

Schleswig
Holstein
Kiel
Rostock
Mecklenburg
Vorpommern
Hamburg
Niederlande
Bremen
Niedersachsen
Weser
Hannover
Berlin
Polen
Brandenburg
Hildesheim
Goslar
Magdeburg
Sachsen
Anhalt
Nordrheinwestfalen
Dortmund
Harz
Göttingen
Rhein
Halle
Leipzig
Sachsen
Fulda
see
Thüringen
Marburg
Lahn
Jena
Saale
Werra
Lahnstein
Koblenz
hessen
Rheinland
pfalz
Wiesbaden
Mainz
Tschechien
Luxemburg
Bayern
Saarland
Mannheim
Nürnberg
Speyer
Baden
Württemberg
Stuttgart
Donau
Donau
Frankreich
Straßburg
Kehl
Augsburg
Lech
Isar
München
Ammer
see
colmar
Freiburg
Österreich
Basel
Schweiz
Kreuzlingen
Bodensee
Innsbruck
Liechtenstein

Alpen

— Fahrradroute
— Schiff/Bahn

146

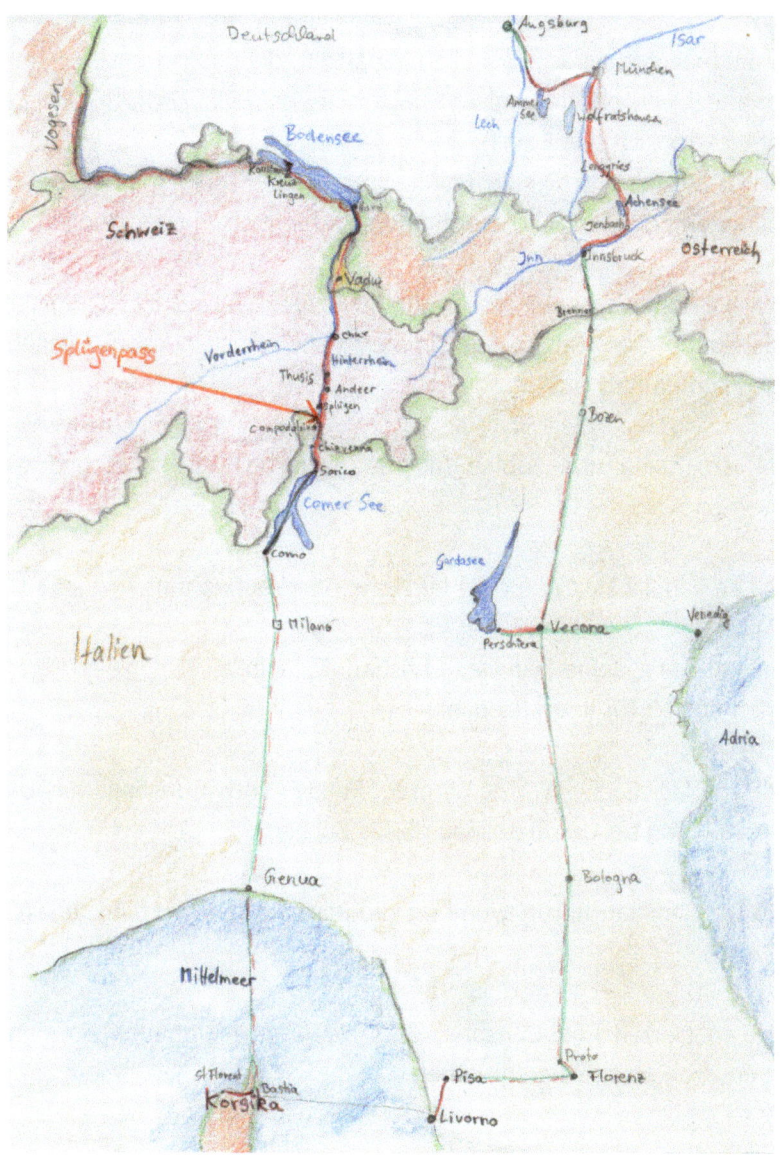

Danksagung

Hiermit möchten wir uns bei allen bedanken, die uns bei unserer Tour unterstützt und positiv begleitet haben. Sei es gedanklich, telefonisch oder elektronisch (via Email).
Vielen Dank an die Schule und Lehrer unserer Kinder, ohne deren Zustimmung die Tour in dieser Form nicht hätte stattfinden können.

Dank an Anne, dass Sie sich während unserer Abwesenheit um das Haus und die Katzen gekümmert sowie all unsere Pakete angenommen hat.

Dank an Funda und Sabine für das nützliche Care-Paket und die Powerriegel.

Dank an Familie Martzy für die herzliche Gastfreundschaft.

Dank an Lars, seine Familie, Christian & Monika, Simone & Peter, Florian und M. für ihren Besuch.

Dank an Michael, Werner, Anke, Funda und Christina für die Unterstützung bei der Erstellung dieses Buches.

Dank an Christian und Mayumi für die positive Befürwortung unseres Projektes.

Dank an Merten und Christina, dass sie unsere Wohnung bewohnt und unsere Katzen versorgt haben.